LES HABITS ROUGES

Robert de Roquebrune

LES HABITS ROUGES

Grandes histoires

Données de catalogage avant publication (Canada)

Roquebrune, Robert de, 1889-1978
Les habits rouges
(Grandes histoires)
Éd. originale: Paris: Éditions du Monde nouveau, 1923.
Pour adolescents.

ISBN 2-7621-1620-1

1. Canada – Histoire – 1837-1838 (Rébellion) – Romans.
I. Titre.
II. Collection
PS8535.O64H3 1992   jC843'.52   C92-097060-5
PS9535.O64H3 1992   PQ3919.2.R68H3 1992

Dépôt légal: 3ᵉ trimestre 1992
Bibliothèque nationale du Québec.
© Les Éditions Fides, 1992.

AVANT-PROPOS

Ce roman dont le sujet me poursuit depuis longtemps, s'il a été écrit à Paris, fut imaginé au Canada, dans la région même où la plupart des événements de 1837 se sont passés.

Ayant fait de personnages tels que lord Gosford, le général Colborne, Papineau, etc. un usage rigoureusement romanesque, je crois bon de rappeler les libertés permises au genre. En tout cas, je n'ai fait agir ici les personnages vrais que d'après l'histoire et, si je leur ai prêté des sentiments, c'est que j'avais besoin que mes personnages eussent une âme, fussent des hommes.

J'ai donc tenté, en animant une époque canadienne, de faire vivre ceux qui y ont vécu. Pour cela, il m'a paru que c'eût été une faute de goût de sembler faire l'apologie d'une cause ou d'un homme. Je n'ai voulu faire que ce que la technique élémentaire du roman me commandait: une histoire qui eut un commencement et une fin et une psychologie qui fût à l'échelle humaine.

Mais je ne veux pas mesurer l'écart qu'il peut y avoir entre mon ambition et ce livre.

R. R.

PREMIÈRE PARTIE

LES FILS DE LA LIBERTÉ

1

LE NOTAIRE CORMIER

Le 25 février 1837, à 5 heures du soir, maître Évariste Cormier, notaire à Montréal, se disposait à quitter son étude. Il avait refermé la serviette de cuir bourrée de papiers qui était devant lui sur son bureau et allait endosser sa pelisse lorsque, se ravisant, il rouvrit la serviette et en tira un papier qu'il se mit à lire attentivement. De temps en temps, il levait les yeux et laissait errer son regard distraitement à travers la fenêtre. L'étroite rue Saint-Vincent, une des plus anciennes de Montréal et dont les maisons datent du XVIIIe siècle, offrait le spectacle paisible de ses façades régulières. Les fenêtres à petits carreaux, où la neige s'accroche en diagonale, brillaient doucement sous les reflets du jour mourant. On devinait derrière les vitres l'existence tranquille et monotone de la bonne bourgeoisie, la chaleur des poêles ronflants, le charme des pièces bien closes meublées d'acajou et ornées de cadres ovales.

Maître Cormier lisait une liste de noms sur la feuille qu'il tenait et, chaque fois qu'il levait les yeux, il semblait voir les gens que ces noms représentaient, tant son regard devenait fixe.

Nelson aurait-il raison, songeait-il? C'est vrai qu'ils aiment mieux leur tranquillité que la liberté. Ils sont renfrognés dans leur vie comme dans leur maison. Pour eux, les Anglais sont devenus les maîtres légitimes du Canada... Et pourtant, il y a là bien des gens qui nous suivraient dans la rébellion...

Armé d'un crayon, maître Cormier fit des croix devant certains noms.

— Papineau prétend que l'esprit de révolte se communique... Les Anglais eux-mêmes le sentent... Les membres du Doric Club sont inquiets et le gouverneur lord Gosford écrit beaucoup au lieutenant-général Colborne... Sa Majesté Guillaume IV lui-même se préoccupe de l'état des esprits dans sa belle colonie et lit *Le Canadien.*

Sur la neige durcie, un traîneau passa dans un grelottement de sonnailles. Le vieux notaire leva les yeux. Il aperçut le cheval qui soufflait une haleine blanche, le cocher emmitouflé et, assis sur des fourrures, un officier anglais rouge et bleu. La vision fut rapide et fugitive comme un rêve.

Le regard du vieillard se voila.

— Oh! chasser ces Anglais, les chasser à jamais!... La liberté...

À ce moment on frappa à la porte du cabinet et, sans attendre que la permission en fût donnée, quelqu'un pénétra dans la pièce.

Maître Cormier s'était retourné brusquement. Sa corpulence cachait la serviette d'où sortaient des paperasses; ses doigts courts et boudinés s'étaient refermés et crispés un peu nerveusement sur la feuille qu'il venait d'annoter.

— Maître Cormier, puis-je avoir quelques minutes d'entretien avec vous? articula une voix froide et impérative.

Dans l'ombre de la chambre se dessinait une longue forme que la nuit tombante grandissait encore. Maître Cormier, ébloui par la neige qu'il avait fixée si longtemps, ne pouvait distinguer l'intrus. Soudain, il reconnut l'uniforme et, par association, il reconnut l'homme.

— Que me voulez-vous, M. d'Armontgorry?

— Monsieur Cormier, je suis envoyé vers vous par le général Colborne.

La vision de l'officier assis dans le traîneau traversa le cerveau du notaire.

— Le général vous envoie-t-il officiellement?

M. d'Armontgorry parut hésiter avant de répondre.

— Officieusement, si vous voulez...

— Et que me veut le général Colborne?

— Le général, interprétant la pensée du gouverneur mylord Gosford, dont la sympathie pour les Canadiens français est bien connue...

Le jeune officier hésita un instant devant le sourire ironique du notaire.

— ... m'envoie vous dire à vous, qui semblez le plus raisonnable des esprits échauffés qui infestent depuis quelques mois Montréal et les campagnes du Bas-Canada...

L'emphase de son discours ressemblait aux proclamations pompeuses que le gouverneur faisait afficher sur les murs de la ville et crier aux portes des églises. Maître Cormier, que cette rhétorique déclamatoire agaçait, l'interrompit brusquement:

— Et le général Colborne vous a choisi, croyant que je prendrais mieux ses ordres transmis par l'un de mes compatriotes... Il s'est lourdement trompé, M. d'Armontgorry, car je n'aime guère voir un Canadien sous la livrée de l'étranger et cela n'est pas fait pour me faire écouter avec patience les injonctions du général Colborne... D'ailleurs, je n'ai que faire des observations que vous avez mission de me rapporter.

Puis, comme se ravisant, maître Cormier ajouta:

— Au fait, que nous reproche-t-il?

— Il vous reproche de vous réunir secrètement, de former un club dit *Les Fils de la Liberté*, de conspirer contre la souveraineté de la couronne d'Angleterre, de trahir en voulant faire alliance avec les Américains. Voilà, Monsieur Cormier, ce que vous reproche le général Colborne à vous et à MM. Papineau, de Lorimier, Nelson, Chénier et autres.

Le notaire avait tressailli. Se pouvait-il que l'on eût déjà de telles précisions? Le gouvernement avait donc bien dépassé les vagues soupçons de ces derniers mois! Décidément, la police des *bureaucrates** était bien faite.

De son côté, le jeune officier s'était mordu les lèvres. Il avait trop parlé. Ses ordres ne lui enjoignaient pas cette brutalité, ni, surtout, cette franchise.

— Enfin, résuma-t-il sur un ton moins raide, le général Colborne désire user de modération à l'exemple de lord Gosford dont l'âme est très paternellement amie des Canadiens français; c'est pourquoi, vous connaissant pour l'un des plus respectables citoyens de Montréal, tous deux comptent que vous userez de votre influence pour modérer les esprits brouillons et dangereux qui essaient de soulever la population contre le gouvernement de Sa Majesté Guillaume IV.

— Veuillez dire au général Colborne que j'accueille ses avis avec respect, mais que j'estime qu'il exagère la portée de quelques vétilles...

---

* Cette expression désignait au Canada, en 1837, les hauts fonctionnaires et les partisans du gouvernement; les bureaucrates étaient les ennemis naturels des patriotes ou partisans de Papineau et de la rébellion contre l'Angleterre.

M. d'Armontgorry s'indigna:

— Des vétilles, Monsieur Cormier, vous osez appeler des vétilles les discours enflammés de M. Papineau et les articles du *Canadien,* cette gazette infâme!

Lentement, la nuit avait envahi la chambre. La fenêtre découpait sur le carreau une lumière bleuâtre et lunaire. Le mica du poêle flamboyait et jetait des lueurs sanguinolentes sur la figure des deux interlocuteurs.

Le vieux notaire regardait droit devant lui, perdu dans une rêverie profonde.

— Que vous importe tout cela, M. d'Armontgorry? dit-il enfin. Je me demande quel est votre but en vous mêlant de ces choses auxquelles vous devriez au moins demeurer étranger, vous qui êtes Canadien, descendant d'une vieille famille de ce pays... Il est vrai que vous avez renié tout cela puisque vous portez l'uniforme ennemi.

— Vous osez traiter l'uniforme anglais d'uniforme ennemi, Monsieur?

— Hélas! oui, Monsieur, répondit doucement le notaire, ennemi depuis bien longtemps, ennemi de notre race irréconciliablement... et je ne saurais vous exprimer quelle horreur je ressens à voir l'un de mes compatriotes le porter.

M. d'Armontgorry tripotait nerveusement ses gants.

— Vous en verrez d'autres que moi le porter cet uniforme que vous détestez si fort, Monsieur Cormier, car je ne suis ni le premier ni le dernier de ma race, sans doute, à servir dans l'armée anglaise... J'aurai même le plaisir de voir l'un de mes amis, qui est aussi des vôtres, je crois, le porter comme moi cet uniforme...

— Et qui donc? dit le vieillard d'une voix inquiète.

— Mais tout simplement Jérôme de Thavenet.

— Jérôme de Thavenet, le fils de mon vieil ami!

— Parfaitement, le fils du seigneur de Saint-Mathias. Encore un descendant de vieille race canadienne qui ne croira ni déchoir, ni trahir en servant Sa Majesté britannique.

Et, saluant avec une raideur qu'il imitait du général Colborne, le jeune officier disparut. Le bruit de ses talons garnis de molettes retentit dans toute la vieille maison de maître Cormier.

Le notaire était demeuré immobile. Les yeux rivés aux rouges micas du poêle, il ne semblait pas avoir eu conscience de la disparition de l'officier. La serviette était toujours étalée sur son bureau. S'arrachant enfin à sa rêverie, il la saisit et la jeta au fond d'un tiroir dont il prit la clé. Puis il s'approcha du poêle, en ouvrit la petite porte du haut et y jeta le papier qu'il tenait toujours dans ses doigts crispés. La flamme dévora d'un coup de langue cette feuille légère. Une mince cendre noire dansa un moment au-dessus du feu et fut aspirée brusquement par le courant d'air du tuyau.

🐞 🐞 🐞

Maître Cormier, en quittant son étude, était descendu à son appartement particulier qui occupait tout le rez-de-chaussée de la maison. Il vivait là solitaire, servi par un seul domestique. On racontait par la ville que le vieux notaire avait éprouvé dans sa jeunesse un grand chagrin d'amour et que c'était la cause de son célibat. Il avait toujours été, cependant, fort discret sur cela et les amis chez qui il allait le soir jouer au whist et parler politique ne connaissaient guère de son âme que la profonde bonté. La mélancolie qu'on lui voyait souvent, personne n'en connaissait la cause réelle.

Depuis quelques mois d'ailleurs les amis du notaire étaient quelque peu inquiets de ses allures. Son âme enthousiaste s'était tout à coup enflammée sous l'influence des orateurs politiques qui prêchaient la rébellion contre l'Angleterre. Papineau, cet esprit vibrant, avait gagné le vieillard à ses idées. Avec lui, maître Cormier faisait un rêve de liberté nationale. Il rêvait de secouer la tutelle anglaise et de fonder une république canadienne à côté de la grande république américaine. Il s'était donné tout entier à cet idéal. Bien des gens prudents le blâmaient d'apporter le poids de sa respectabilité dans une telle aventure. Le clergé catholique et la haute bourgeoisie étaient nettement hostiles au mouvement créé par Papineau et ses partisans. Cette classe, respectueuse de l'autorité, craignait les représailles de l'Angleterre que l'on savait déjà énervée par le groupe de parlementaires et de journalistes qui avaient fait passer des espoirs d'émancipation dans la masse populaire. En effet, le peuple, en qui vivait fortement la haine de l'étranger, accueillait ces idées avec joie. La portion anglaise des habitants du Bas-Canada, composée à cette époque de fonctionnaires et de gros marchands, faisait une pression sur le gouverneur lord Gosford, pour l'engager à écraser ce germe de rébellion; mais le gouverneur, homme conciliant et habile, tâchait de calmer les esprits et temporisait.

Le notaire Cormier songeait à ces choses en pénétrant dans la salle à manger. Il jeta sur une chaise sa pelisse et sa toque de fourrure et s'assit devant la table où son couvert l'attendait. Devant la nappe blanche, les argenteries brillantes, le verre étincelant, il se sentit optimiste. Il frappa dans ses mains.

Une porte s'ouvrit, une tête apparut suivie d'un long corps et le tout disparut aussitôt.

— Allons! Cotineau, mon dîner tout de suite, je suis pressé ce soir.

Un crépitement de beurre fondu répondit à cette injonction.

Le domestique de maître Cormier était l'une des nombreuses bonnes actions du vieillard. Nourri de Jean-Jacques, le notaire était convaincu que la société a presque toujours tort contre l'individu et que l'homme, naturellement bon, a été perverti par la civilisation. Aussi, en chaque criminel, voyait-il une victime sur qui s'apitoyer. Cotineau avait été jadis condamné pour vol. Sa peine purgée et sorti de la prison de Montréal, il avait tenté de reprendre son métier de domestique. Mais on lui avait tenu rigueur de son crime et Cotineau crevait de faim. Il traînait une existence misérable depuis quelques années lorsque, ému de sa condition, maître Cormier l'avait pris à son service. On l'en avait beaucoup blâmé. Ses amis trouvaient cette action à la fois extravagante et dangereuse. On avait prédit au notaire qu'il serait volé et même assassiné par Cotineau. Maître Cormier souriait de ces propos. En tout cas, il se déclarait très satisfait des services de l'ancien forçat.

Ce dernier, en effet, semblait avoir voué à son maître une sorte d'affection bougonne mais profonde. Il s'était fait valet de chambre, cuisinier, intendant. Le notaire, autrefois obligé de subir des servantes négligentes et malpropres, vivait maintenant dans un intérieur bien tenu et confortable. Cotineau, d'ailleurs, était devenu d'une probité minutieuse. De tout cela, maître Cormier se plaisait à tirer la conclusion que son domestique était naturellement vertueux et que la société l'avait jadis perverti et opprimé.

La pièce où se tenait le notaire et qui servait de salle à manger était confortable et chaude. Deux flambeaux, posés sur la table, jetaient une douce lumière clignotante. Dans un coin, le poêle ronronnait. Le buffet d'acajou et les chaises luisaient aux angles. Sur le carreau de longues bandes de ce tapis canadien appelé «catalogne» égayaient la pièce de leurs couleurs voyantes.

De la rue venait le bruit des grelots et le crissement d'un traîneau sur la neige durcie. Le notaire tressaillit en l'entendant s'arrêter devant sa porte. Le marteau fut heurté violemment. Maître Cormier alla ouvrir. À l'heure du dîner, la visite de l'évêque de Montréal ou du gouverneur du Canada n'aurait pas dérangé Cotineau de ses fourneaux.

Sur le seuil se tenait un grand jeune homme enveloppé de fourrures. Tout en secouant la neige de ses pieds contre le cadre de la porte, le nouveau venu saluait joyeusement maître Cormier.

— Comment, c'est toi, Jérôme! s'écria le notaire.

— J'arrive de Saint-Mathias, Monsieur Cormier, et je viens vous demander l'hospitalité pour quelques jours.

— Entre, mon garçon. Débarrasse-toi... Je vais avertir Cotineau de ton arrivée. J'allais justement dîner, tu arrives à point.

— Non, Monsieur Cormier, dit le jeune homme, je ne dîne pas avec vous ce soir. Je vais seulement me réchauffer quelques minutes car la route est longue de Saint-Mathias à Montréal et il faisait froid en traîneau... Je dîne tantôt chez le général Colborne.

— Ah! fit simplement le notaire qui sembla soucieux pendant quelques instants et demeura silencieux.

Il considérait Jérôme de Thavenet qui s'était

approché du poêle et se chauffait. C'était un jeune homme robuste malgré sa maigreur d'adolescent grandi trop rapidement. Son habit bleu serré à la taille, le haut col de velours, le jabot et la coiffure en coup de vent accentuaient ce que la figure du jeune garçon avait de féminin. Maître Cormier le contemplait d'un œil attendri. Un souvenir le hantait: l'image d'une belle jeune femme à qui Jérôme ressemblait. Le vieux notaire se voyait marchant à côté d'elle dans l'ombre d'une allée. Le large bassin de Chambly s'étalait devant eux, calme et plat. Au loin, les tours démantelées du fort Pontchartrain donnaient un air héroïque au paysage. Mme de Thavenet faisait ses confidences au notaire comme à un ami dévoué et fidèle. Il y avait eu beaucoup de tristesses dans la vie de cette femme. À ce rôle de confident, maître Cormier s'était peu à peu laissé prendre par un chaste et douloureux amour que personne n'avait jamais soupçonné ni même cette jeune femme mélancolique. Et lorsqu'elle était morte, cette affection s'était peu à peu reportée sur les deux enfants qu'elle laissait, mais particulièrement sur ce petit Jérôme qui lui ressemblait tellement.

— Alors, tu resteras quelque temps à Montréal?

— Oh! quelques jours seulement. Vous savez que mon père et ma sœur n'aiment guère demeurer seuls au manoir.

Le notaire fit signe qu'il connaissait les manies tyranniques du seigneur de Saint-Mathias.

— Il m'a recommandé de vous ramener avec moi... Le général Colborne donnera un grand bal aux casernes de Chambly auquel toute la jeunesse de Montréal et des environs est invitée. Le gouverneur y assistera, ce sera très brillant... Henriette et moi, nous irons à ce bal et mon père désire que vous veniez passer cette soirée avec lui.

Périodiquement, le notaire allait passer quelques jours au manoir de Saint-Mathias. M. de Thavenet et lui partageaient la passion des échecs. Ce seul lien, d'ailleurs, les unissait, car M. de Thavenet, esprit impérieux, professait des idées violentes et étroites qui répugnaient au sensible Cormier. Ami des Anglais, comme beaucoup des membres de l'aristocratie canadienne, le vieux gentilhomme professait un grand respect de l'autorité et du gouvernement établis. Cela révoltait l'âme patriote du notaire. Ils avaient sur ce sujet de violentes discussions qui les laissaient toujours furieux l'un et l'autre mais amis quand même.

— Oui, dit maître Cormier, c'est entendu, j'irai... Mais il me semble, mon enfant, que tu es bien ami avec le général Colborne, que tu le vois beaucoup.

Le jeune homme rougit légèrement.

— Le général, en effet, me témoigne beaucoup de sympathie... Vous savez qu'il est ami de mon père, d'ailleurs.

— Je sais cela, fit le notaire un peu sèchement.

— Et puis, Mlle Lilian Colborne est une bien jolie

personne... C'est une amie de ma sœur Henriette. Je la vois assez souvent à Chambly... J'ai des amis à la caserne.

— En effet, j'en ai même vu un tantôt: M. d'Armontgorry.

— Oh! Armontgorry, dit Jérôme d'un air dégagé, n'est pas précisément mon ami. Nous sommes même un peu rivaux depuis que nous nous occupons tous deux de Lilian Colborne.

Mon Dieu! songea le notaire, le voilà épris de cette Anglaise, maintenant.

— Mais tu es donc tout le temps aux casernes de Chambly? Est-ce que tu songerais à y demeurer tout à fait un de ces jours? M. d'Armontgorry m'a laissé entendre que tu ferais bientôt partie de l'armée anglaise.

— Armontgorry s'est beaucoup avancé en disant cela; cependant, il est certain que j'embrasserais le métier militaire avec plaisir. Cela serait aussi beaucoup du goût de mon père. Vous savez que c'est le métier héréditaire de ma famille et, comme le dit mon père, il vaut mieux servir dans l'armée anglaise que ne pas servir du tout.

— Je ne trouve pas cela, dit le notaire.

— Le général Colborne aussi m'engage beaucoup à entrer dans l'armée anglaise.

— Naturellement, plus il verra de jeunes Canadiens porter l'habit rouge, plus il sera heureux!

— Il userait de son influence pour me faciliter mes études en Angleterre. Il me conseille Woolwich.

— Et, à quoi te décideras-tu?

— Je ne sais, M. Cormier... Ce qui me fait hésiter jusqu'ici c'est l'opposition qu'Henriette apporte à ces projets.

«Bon, se dit maître Cormier, pendant que Jérôme allait serrer la main de Cotineau dans la cuisine, fort bien! Puisque Henriette contrecarre ces projets-là, ils ne sont pas près de réussir. Car cette petite fille a le caractère terrible de son père et elle a beaucoup d'influence sur Jérôme qui est faible comme une femme... Il ressemble tant à sa mère.»

Jérôme s'en allait, accompagné par Cotineau qui lui faisait l'honneur de quitter sa cuisine pour le reconduire. Puis le domestique se mit en devoir de servir le dîner de son maître. Celui-ci allait plonger sa cuillère dans son potage quand le marteau retentit de nouveau. Cotineau alla ouvrir en grommelant. Cet homme détestait les visiteurs.

Avec la neige que le vent chassait en poudre par la porte ouverte, une voix sonore emplit le vestibule et un gros homme à la figure réjouie fit irruption dans la salle à manger. Il s'empara des deux mains de maître Cormier qu'il secoua vigoureusement et s'attabla sans façon à côté de lui comme quelqu'un qui se sait d'avance invité à dîner.

Cependant le notaire disait à Cotineau qui se tenait debout et regardait le nouveau venu sans bienveillance: «Allons! mets un couvert pour M. Brown.»

Pendant que le domestique exécutait cet ordre avec une mine allongée et désapprobatrice, la conversation s'engageait entre les deux hommes. Brown parlait facilement le français mais avec un léger accent. Quand une expression lui manquait tout à coup, il semblait faire un effort pénible pour la retrouver et sa main esquissait alors un geste d'impatience. Il riait beaucoup et très fort ce qui fermait complètement ses petits yeux gris très brillants. Sa figure, jeune et grasse, un embonpoint naissant et son teint rouge faisaient de lui un spectacle réjouissant et comestible. En le regardant, on ne pouvait s'empêcher de songer à des choses qui se mangent, à du rosbif froid, à un bifteck saignant. Le notaire semblait tout égayé de cet aimable compagnon.

— Alors, disait Brown tout en mangeant, c'est M. de Thavenet qui sort d'ici et que j'ai rencontré?

— Oui, c'est Jérôme. J'aurais voulu qu'il dînât avec moi mais il était invité ce soir chez le général Colborne... Mais, donnez-moi des nouvelles de la campagne, Brown. Que fait-on sur la rivière Richelieu, que fait Nelson?

— Nelson et moi travaillons beaucoup les *habitants*, mais ce n'est pas sans difficulté que nous les gagnons à la cause de la liberté, Monsieur Cormier. Nelson et moi, nous sommes Anglais et les *habitants* n'aiment pas ça. Ils ne comprennent pas que nous soyons avec Papineau et Chénier et contre la plupart de nos compatriotes. Encore, Nelson est-il très populaire dans la région où il vit depuis longtemps, mais on se méfie de moi. Ma seule influence réside dans le don que j'ai de les faire rire. Ils adorent que je plaisante le général Colborne qu'ils détestent et en qui ils ont symbolisé la race anglaise tout entière.

— C'est vrai que vous êtes gai, dit le notaire en le considérant avec admiration.

— Oui, je suis gai. Que voulez-vous! J'aime la vie, moi... la vie et la liberté, ajouta le gros garçon en riant. J'ai tout de même aussi à capter la confiance de bien des gens. Dans chaque village, j'ai des amis et je les ai choisis parmi les gros «bonnets». Pas les seigneurs, bien entendu, ni les membres du clergé. Ceux-là sont hostiles à nos idées. M. de Rouville, entre autres, contrecarre mon influence. Il met les gens en garde contre moi. C'est très désagréable et, comme il est très aimé, cela me fait une concurrence gênante. Les prêtres aussi me nuisent beaucoup. Quant à M. de Thavenet, le père, il n'est guère aimable.

— Eh! que voulez-vous, Brown! Les seigneurs comme M. de Rouville et M. de Thavenet ont de bonnes raisons de prudence et d'intérêt pour prêcher la soumission et le calme. L'Angleterre a maintenu quelques-uns de leurs droits féodaux. Ils redoutent les idées, l'esprit républicain de Papineau... Quant au clergé, n'est-ce pas sa mission naturelle d'apaiser et de recommander la résignation? Mgr Lartigue a d'ailleurs donné des ordres formels. Mais je sais, moi, que nos prêtres sont patriotes et qui sait si...

Le vieillard s'interrompit. Brown continuait à parler tout en mangeant.

— J'ai des amis un peu partout sur le Richelieu. Entre autres, tenez, mademoiselle de Thavenet.

— Comment! Henriette se mêle de politique!

— Mais oui, c'est une *patriote* enthousiaste. C'est même elle qui est mon meilleur auxiliaire dans la vallée de Richelieu. Elle a voué un culte fervent à Papineau. Elle lit *Le Canadien* et *L'Ami du peuple*. Elle propage nos idées dans la région mieux que moi-même.

Le notaire souriait, enchanté.

— Et mademoiselle de Thavenet est d'autant plus précieuse qu'elle est l'amie de Mlle Colborne. Elle est sans cesse avec la fille du général. Je les vois souvent ensemble à Chambly. Il y a dans cette petite ville toute une jeunesse très gaie à cause des officiers de la garnison. Mademoiselle de Thavenet serait à même de connaître bien des choses utiles. Et, quelle belle personne! Elle me plaît beaucoup.

Le notaire cessa de sourire.

— Je puis vous assurer, continuait le jovial Brown en riant, que la demoiselle m'intéresse énormément et que je songe à demander sa main un de ces quatre matins.

Le notaire devint grave.

— Est-ce qu'elle vous aime? demanda-t-il.

— Je ne sais pas encore. Je la fais rire. Elle me trouve drôle. Je l'amuse et vous savez, quand un homme amuse une femme, il est bien près d'en être aimé.

— C'est selon, dit maître Cormier, à qui cette psychologie semblait un peu sommaire. D'ailleurs, mon cher Brown, il y aurait, je pense, un sérieux empêchement à vos amours et à votre mariage avec mademoiselle de Thavenet.

— *By Jove*, lequel Monsieur Cormier!... Ah! parce que je suis Anglais.

— Non pas, puisque vous êtes des nôtres. Les Anglais comme Nelson et vous sont bien plus Canadiens que nombre d'autres, authentiquement de notre race mais, au fond, nos ennemis. Non, ce n'est pas cela, mais votre religion. N'êtes-vous pas protestant?

— Oh! si ce n'est que cela, je me ferai catholique, Monsieur Cormier.

Un peu froissé par le ton du jeune homme, le notaire ne répondit pas. Il se disait à part lui: «Non, par exemple, je ne veux pas que Brown vienne troubler Henriette. C'est déjà bien assez de Jérôme qui s'est amouraché de la petite Colborne. Eh! que ces Anglais se marient donc entre eux et laissent tranquilles nos enfants.»

C'était une des colères du vieillard que les mariages entre Anglais et Canadiens français. Il considérait ces unions comme des mésalliances et les descendants comme une race illégitime, race intermédiaire qui venait s'interposer entre les deux peuples ennemis.

Cependant, Brown s'était levé. Il avait bien dîné. Sa figure rouge semblait plus rouge encore. Ses bonnes joues paraissaient refléter une lumière intérieure. Il pencha sa forte tête rubiconde et réjouie.

— À quand la prochaine assemblée? dit-il à voix basse. Il faut que je voie Papineau, que je vous communique à tous des choses intéressantes.

— Mais justement, ce soir nous nous réunissons, dit le notaire de même.

— Où?

— Chez Papineau.

— Bon, à quelle heure?

— À dix heures.

— Très bien, j'y serai. Au revoir.

Dès que le gros Anglais eut disparu et que la porte se fut refermée sur lui, Cotineau entra dans la salle à manger. Le notaire, qui s'était levé pour reconduire son hôte, s'apprêtait à dire ses grâces. Le domestique lui fit signe d'arrêter sa prière en lui montrant sur la table un plat qu'il venait d'y déposer. Le geste de Cotineau semblait signifier qu'il était inconvenant de remercier Dieu d'un repas qui n'était pas terminé.

— Comment, des crêpes! s'écria maître Cormier. Mais pourquoi ne les as-tu pas apportées tantôt? Je suis sûr que ce bon Brown les aime.

Cotineau eut un geste de mépris. Sa longue figure jaune semblait coulée dans la même cire que les bougies qui pleuraient dans leurs bobèches. L'ombre portée du domestique s'allongeait sur le mur, se brisait à l'angle du plafond et s'allait perdre sur une poutre. On eût dit un grand diable familier et sournois.

— Il a bien assez mangé sans dévorer encore vos crêpes, dit-il.

Sa voix au timbre désagréable tremblait d'une sourde colère. Il ajouta:

— Est-ce que Monsieur ira ce soir chez M. Papineau?

Le notaire, qui mangeait ses crêpes en les arrosant de sirop d'érable, leva la tête.

— Cotineau, tu es excellent cuisinier, mais domestique peu respectueux. D'abord, comment sais-tu où je vais ce soir?

L'homme eut un sourire ambigu de ses lèvres minces.

— Est-ce si difficile d'imaginer ce que M. Brown vient faire ici? Je connais vos manigances, allez. Mais vous avez tort, Monsieur Cormier, de vous mêler de toutes ces histoires et d'être l'ami de gens qui veulent la rébellion contre le gouvernement. Il ne faut pas se révolter contre l'autorité; Monsieur le Curé de la paroisse l'a dit encore dimanche dernier. Il ne faut pas avoir de démêlés avec la justice...

Il parut réfléchir quelques instants à d'anciens souvenirs et ajouta sévèrement:

— Vous finirez en prison avec M. Papineau.

— Cotineau, je te défends...!

— En prison, répéta Cotineau d'un air têtu.

Le notaire frappa du poing sur la table. Les deux chandeliers sursautèrent et des gouttelettes nombreuses giclèrent et s'aplanirent sur la nappe. Cotineau avait disparu dans sa cuisine.

2

LE GÉNÉRAL COLBORNE

En 1837, Montréal ne s'étendait guère que sur une modeste superficie de l'île. En été, vue du pont d'un trois mâts ancré en plein fleuve, la ville avait un aspect de vieille cité maritime. Les hautes maisons le long du port, les bâtiments de la douane, les marchés, les amas de barriques, de cordages et de caisses, tout ce classique accessoire de trafic et de navigation prouvait la mer proche. L'île de Montréal, plantée de pommiers, entourée de jardins, peuplée d'habitations de campagne et de fermes, était presque une terre océane.

Mais, en hiver, Montréal semblait un grand navire arrêté dans les glaces qui attend mélancoliquement sous sa mâture de givre que le printemps le fasse flotter derechef sur les eaux aventureuses...

Jérôme de Thavenet aimait marcher sur la neige, par les rues silencieuses de la ville déjà endormie. La lumière des fenêtres étendait devant chaque maison de légers et fluides tapis de clarté. Quoique habitant la campagne, le jeune homme était familier avec ces rues où il connaissait tout le monde. Les rideaux n'étaient pas tellement tirés sur les vitres qu'il ne pût glisser ses regards dans plus d'une demeure amie. Il pouvait mettre un nom même sur une ombre entrevue derrière une fenêtre. Il n'avait qu'à heurter le marteau de l'une de ces portes pour qu'une figure familière l'accueille d'un sourire de bienvenue.

C'est pourquoi il fut tout à coup saisi de timidité quand il se trouva dans le vestibule du général Colborne. Il entendait derrière une porte le murmure de la conversation. Pendant que le domestique l'aidait à se défaire de sa fourrure, il assemblait mentalement une phrase anglaise. Cette langue lui était difficile. Il n'était jamais parvenu à la parler correctement et cela contribuait beaucoup à augmenter sa gêne. Il songea à inscrire sur sa manchette le bout de phrase qu'il avait préparé et dont il saluerait le général, mais la présence du domestique l'en empêcha.

— Heureusement, songea-t-il en pénétrant dans le salon, que Lilian parle bien le français.

Étendue sur un sofa devant la cheminée, une jeune fille présentait à la flamme ses pieds chaussés de satin blanc. Ses cheveux blonds coiffés en bandeaux, se relevaient en une coque somptueuse derrière la tête. Sa robe, à taille courte, dessinait la délicieuse jeunesse du corps. La mièvrerie de la figure rappelait les ladys conventionnelles et charmantes des *keepsake.* Elle sourit à Thavenet en lui tendant la main.

Adossé à la cheminée, M. d'Armontgorry se chauffait les mollets. Il interrompit à peine la conversation qu'il avait avec mademoiselle Colborne pour adresser un bonjour protecteur et légèrement dédaigneux au jeune homme. M. d'Armontgorry était grand, bien fait et affectait, autant qu'il le pouvait, la raideur britannique dans tous ses mouvements. Il portait avec élégance l'uniforme militaire. Le jeune officier avait passé quelques années à l'école militaire de Woolwich, et depuis, il conservait un accent anglais très exagéré en parlant le français.

Au fond du salon, assis près d'une grande table, deux hommes fumaient en causant à demi-voix. Ils se levèrent et s'approchèrent de Thavenet. Celui-ci venait de reconnaître le gouverneur lord Gosford et le général Colborne.

— Thavenet, je vous demande des nouvelles de votre père.

Lord Gosford parlait correctement le français et il affectait d'employer cette langue avec les Canadiens pour les flatter. Depuis qu'il était gouverneur, il avait déployé mille petites roueries de diplomate pour arranger les difficultés entre les fonctionnaires et les Canadiens. Son caractère conciliant se heurtait à l'attitude intransigeante des parlementaires et à la mauvaise volonté des *bureau-*

crates anglais. Cependant, lord Gosford était optimiste et il demeurait convaincu que tout finirait par s'arranger.

Le général Colborne serra la main de Jérôme d'un rude *shakehand*.

— Nous n'attendons plus que le colonel Gore pour dîner, dit-il, en manière de bonsoir.

Le colonel Gore, d'ailleurs, faisait son entrée dans le salon.

Vieux, sa taille un peu courbée, le colonel Gore portait une seule décoration: la médaille de Waterloo. Ses favoris blancs encadraient une figure franche et recuite par l'air, le soleil et les intempéries. Jérôme contemplait ces trois Anglais si différents par la figure et le caractère, avec une sorte de curiosité: le gouverneur, au sourire un peu conventionnel, le général Colborne, raide et flegmatique et le colonel Gore, chevronné qui faisait songer aux vieux canons un peu rouillés de la citadelle de Québec.

Les trois hommes s'étaient mis à causer ensemble. À l'autre bout du salon, Lilian Colborne levait vers Armontgorry une figure attentive. Leur conversation semblait les intéresser vivement. Personne ne s'occupait de Thavenet qui se sentit tout à coup isolé comme dans un pays étranger.

Le dîner fut long et ennuyeux.

De retour au salon, Jérôme vint s'asseoir dans un fauteuil, au pied du sofa où Lilian Colborne avait repris sa pose nonchalante. Les jeunes gens continuèrent leur conversation du dîner qui avait roulé sur le prochain bal des casernes à Chambly. Armontgorry avait pris place de l'autre côté du sofa et semblait monter la garde près de la jeune fille. Celle-ci souriait avec une sorte d'indifférence.

Le général Colborne s'encadrait dans la porte, à l'autre bout du salon. Il y avait du commandement dans son ton à peine masqué par la correction mondaine. Armontgorry s'était dressé et traversa la pièce comme au champ des manœuvres. Avant de suivre le général, il jeta cependant un regard jaloux sur Lilian et Jérôme qui causaient à voix basse et riaient en regardant les flammes danser dans la cheminée.

Dans le cabinet du général, lord Gosford et le colonel Gore étaient assis devant un large guéridon où reposaient une bouteille de whisky et des verres. Le général versa en silence la liqueur dorée que les quatre hommes avalèrent d'un trait; Armontgorry s'appliqua à ne pas grimacer quand l'arrière-goût de fumée lui revint au palais.

— Dites-moi, Armontgorry, vous avez vu le notaire Cormier, tantôt?

— Oui, général, je lui ai fait la visite que vous m'aviez ordonné de lui faire et je lui ai répété vos paroles.

— Ce ne sont pas mes paroles, dit Colborne sèchement, ce sont celles de lord Gosford. Quant à moi, je suis peu d'avis que l'on avertisse ainsi l'ennemi et...

Lord Gosford fit signe de sa main fine aux doigts

longs qu'il prenait toute la responsabilité de cette démarche.

— Vous savez, général, dit-il, que je ne veux pas empiéter sur votre autorité. Je n'oublie pas que je ne suis ici que le gouverneur civil. Cependant, autant que l'on pourra, évitons les conflits sérieux. D'ailleurs, il me semble que vous êtes bien alarmiste. Est-il donc si sûr que mes bons amis les Canadiens détestent au point que vous dites le gouvernement de Sa Majesté?

— Vos bons amis, non, répondit rudement le général, mais vos amis sont les membres de l'aristocratie qui redoutent en effet la rébellion et qui l'empêcheront même de toutes leurs forces. Mais vous ne comptez pas comme vos amis, je pense, certains membres de la Chambre d'assemblée et les rédacteurs du *Canadien*.

— Mon Dieu, dit placidement lord Gosford, j'ai vu quelquefois M. Papineau, M. Viger et d'autres; ils m'ont paru des hommes de fort bonne compagnie.

— Oui, je sais, ils ont dîné chez vous. Mais vos amabilités, lord Gosford, n'empêcheront pas ces gens-là de mener tout le pays à la rébellion. L'esprit des campagnes est déjà fort mauvais et toute la région de Montréal s'échauffe de plus en plus.

— C'est pourquoi, dit le gouverneur, il est bon de prévenir les échauffourées et les coups de main en avertissant les meneurs que le gouvernement les connaît et fait bonne garde.

— Eh bien! mon avis à moi est que tant qu'ils ne se seront pas compromis dans une rébellion ouverte, nous ne pourrons les écraser. Je trouve très mauvaise votre stratégie.

Le gouverneur ne répondit pas. Préoccupé avant tout d'éviter qu'une rébellion n'éclatât sous son gouvernement, il était soucieux de gagner du temps. Il pacifiait les esprits et essayait, à force de diplomatie, d'arranger les choses. Il redoutait d'ailleurs presque autant le caractère provocant du lieutenant-général Colborne que les parlementaires et les journalistes canadiens.

Armontgorry, voyant que tout le monde se taisait, reprit la parole.

— D'ailleurs, M. Cormier a peu fait attention à mes discours et nous n'avons guère échangé que... des accusations.

— Ah! fit le général, comment cela?

— M. Cormier m'a reproché de trahir les Canadiens en portant l'uniforme anglais.

Le colonel Gore, qui tenait son verre à la main, le posa sur le guéridon d'un geste si violent que le cristal se brisa. Le général Colborne lança un regard au gouverneur qui paraissait ennuyé.

— Et qu'avez-vous répondu à cet insolent? demanda Colborne.

— Que je n'étais ni le premier ni le dernier de ma race à servir loyalement l'Angleterre et qu'il aurait bientôt l'occasion de voir l'un de ses propres amis, Jérôme de Thavenet, le porter comme moi cet uniforme.

— Bien! Très bien! monsieur d'Armontgorry, dit Gosford qui se leva et alla serrer la main du jeune homme avec affection. Ces paroles me plaisent. J'aime ce langage dans la bouche d'un Canadien... d'un Canadien français, ajouta-t-il.

Mais, quand après l'échange de quelques autres propos, M. d'Armontgorry quitta la pièce pour rejoindre vivement Lilian et Jérôme au salon, lord Gosford murmura entre ses dents:

— Quel jeune sot! Et voilà les hommes que choisit Colborne pour communiquer avec les Canadiens!

Cependant le général regardait le gouverneur d'un air triomphant.

— Ce sont là les gens que vous prétendez empêcher de souffler la rébellion, dit-il.

Mais le gouverneur s'était levé sans répondre et arpentait la chambre d'un air songeur. Il s'imaginait avec terreur devant son bureau en train de rédiger la dépêche qui annoncerait à Downing Street la révolte des Canadiens contre le gouvernement britannique. Quelle malheureuse fin de carrière pour un fonctionnaire soucieux de faire sa cour!

Silencieusement, il marchait de la cheminée à la fenêtre. Le général Colborne remuait des paperasses à sa table de travail en jetant parfois un regard sur le gouverneur. Le colonel Gore fumait d'un air furieux.

Un domestique entra et vint murmurer quelques mots à l'oreille du général qui se leva aussitôt en disant: «Excusez-moi, messieurs, il y a là un homme qui me demande.»

Le gouverneur regarda Gore d'un air inquisiteur. Le vieux soldat fit signe de la tête qu'il ignorait ce que cela voulait dire. Quand le général revint au bout de quelques instants, une sorte de sourire triomphant éclairait sa figure.

— Qu'avez-vous donc, Colborne? Vous semblez enchanté, dit le gouverneur.

Le général reprit son masque flegmatique.

— On vient de m'apprendre une chose intéressante et dont vous saisirez toute la portée, je pense, lord Gosford; un homme qui m'est dévoué — le général lança un regard vers le gouverneur — vient de m'aviser que les *Fils de la Liberté* ont tenu ce soir une assemblée.

Lord Gosford tressaillit.

— Cet homme assistait à leur séance et il m'a rapporté les discours qu'on y a tenus. Il m'a aussi confié les noms de ceux qui étaient là.

— Vous entretenez donc des espions maintenant? dit Gosford d'un air méprisant.

— Oh! un espion, si vous voulez bien, répondit le

général Colborne, mais un homme dont je suis sûr. D'ailleurs, on ne fait pas autrement à la guerre, n'est-ce pas Gore?

Le colonel haussa les épaules sans répondre.

— Je vous assure, lord Gosford, que nous ne devons négliger aucun moyen de nous renseigner et celui-là moins qu'aucun autre.

— Mais enfin, que s'est-il passé à ce club? Car vous savez, général, que les *Fils de la Liberté* ne sont, après tout, qu'un club. Les Canadiens ont bien le droit, je pense, de former un club comme les Anglais qui font partie du *Doric*.

— Oui, mais au *Doric Club* qui n'est composé que de loyaux sujets de Sa Majesté, on ne parle pas de façon injurieuse de l'Angleterre, du gouverneur du Canada...

— On m'a injurié? dit lord Gosford avec ennui.

— Oh! ne soyez pas chagrin, j'ai eu ma bonne part des invectives, répliqua froidement Colborne. Mais, ce qui est plus grave, l'on a décidé de préparer la rébellion pour cet été ou cet automne...

Lord Gosford sursauta et devint pâle.

— L'un des orateurs de ce soir, Girod...

— Un Suisse, dit Gosford.

— Ce Suisse réclame la liberté pour le Canada, dit Colborne. Et Hindelang...

— Un Français, fit Gosford de même.

— Hindelang, continua impertubablement Colborne, veut ici une république. Quant à Nelson...

— Un Anglais, s'écria le colonel Gore en lançant brutalement dans la cheminée les débris du verre qu'il avait brisé quelques minutes auparavant.

— Quant à Nelson, il veut appeler les États-Unis à l'aide des Canadiens révoltés. Pour ce qui est de Papineau, Chénier et autres, leurs idées vous sont familières. Ils n'ont fait que répéter ce soir leurs propos incendiaires habituels.

Le gouverneur était atterré.

— Mais alors, dit-il, puisque les choses en sont là, ne vaudrait-il pas mieux décommander ce bal que vous vouliez donner aux casernes de Chambly et pour lequel j'étais venu? Il me semble dangereux...

— Au contraire, lord Gosford, je tiens à donner cette fête. Ne donnons pas prise aux commentaires du club des *Fils de la Liberté* en la décommandant. Je veux demeurer en contact avec toutes les classes de la société canadienne le plus longtemps possible.

— Comme vous voudrez, général. Après tout, vous êtes chargé ici de tout ce qui regarde le commandement militaire. C'est pourquoi, si les Canadiens se rebellent, je ne prends plus aucune responsabilité. Je ne veux pas empiéter sur vos fonctions... C'est ce que j'ai écrit à Downing Street; en cas de révolte, c'est vous qui prenez l'autorité. Moi, je ne suis que le gouverneur civil, je n'entends rien aux choses militaires... Veuillez faire avancer mon traîneau, général, je rentre. Toutes ces affaires me tuent. Ah! que j'ai donc hâte de retourner en Angleterre, de revoir Londres! Adieu colonel, bonsoir général.

Quand le général Colborne, qui avait accompagné le gouverneur, rentra dans son cabinet, il semblait radieux. Il donna une légère bourrade au colonel Gore en signe de satisfaction et se versa un verre de whisky.

— Voilà un gouverneur qu'il faudra bientôt remplacer, colonel.

Le vieux soldat fit signe que oui.

— Il faudra bientôt un militaire au gouvernement de ce pays, colonel.

L'autre opina.

— Je vais faire mon rapport à Downing Street, colonel, et je vais aviser le secrétaire lord Glenelg que le rappel de lord Gosford devient de plus en plus nécessaire, que je prévois des événements graves et que j'ai besoin d'être revêtu de beaucoup d'autorité, de l'autorité la plus large, colonel...

Gore acquiesça de sa tête chauve.

— En temps de guerre, il faut des soldats et non des diplomates. D'ailleurs, je me réserve d'employer la diplomatie avec les Canadiens quand je les aurai battus. Le général Wolfe commença par les vaincre, ce qui permit à lord Dorchester de les amadouer. Je suivrai cette voie qui est de tradition anglaise.

À ce moment, on entendit derrière la porte du

cabinet les voix de Lilian Colborne, d'Armontgorry et de Thavenet. Les deux jeunes gens prenaient congé.

— Colonel, ces deux garçons sont amoureux de ma fille. Je veux que Lilian épouse un Canadien, cela flattera la population. Eh! Eh! voilà une diplomatie pour après les sévérités. Car lorsque je serai gouverneur, il me faudra user d'habileté et me faire aimer... Mais, lequel épousera-t-elle? Armontgorry parle bien l'anglais, il adore les Anglais, il est tout à fait Anglais. Et bien alors, que Lilian épouse l'autre, Thavenet; elle l'anglicisera et cela fera un Anglais de plus et un Canadien de moins, colonel... Ne voilà-t-il pas de la diplomatie et qui vaut bien les roueries de lord Gosford, n'est-ce pas?

Le colonel riait, enchanté de la subtilité de son chef.

— Mais il faudra d'abord employer les grands moyens, continuait le général, ces gens-là ont besoin d'une bonne leçon. Que diable, ce Canada nous a coûté trop cher; il ne s'agit pas de laisser l'esprit de révolte grandir. Et s'il n'y avait que les Canadiens français tels que Papineau et sa clique, mais il y a encore tous les Anglais qui, comme ce Nelson, rêvent de jouer ici les Washington...

Il indiqua du doigt une estampe au-dessus de la cheminée. Elle représentait la prise de Québec par les troupes du général Wolfe en 1759.

— Les Canadiens n'ont jamais oublié cela, dit-il.

Et montrant une autre gravure accrochée au mur:

— Et nous, colonel, loyaux sujets de Sa Majesté britannique, nous ne devrons jamais oublier ceci.

Le colonel se leva et alla considérer la seconde gravure. Elle avait été imprimée à Boston et représentait la
défaite du général Cornwallis par les troupes de Washington en 1781.

3

ARMONTGORRY

Dans sa chambre chaude et toute pleine de l'odeur rési-
neuse des bûches amoncelées dans un coin, le lieutenant
Armontgorry dormait. Le poêle, devant la cheminée,
soufflait une chaleur égale et engourdissante. La fenêtre
aux vitres couvertes de givre, filtrait une lumière douce et
comme sereine. Le jeune homme ouvrit les yeux et se
détendit les membres sous les couvertures. La pelisse de
fourrure qui recouvrait son lit lui envoya son fauve
parfum. Dehors, il neigeait. Dans la paix de la chambre, le
glissement mou et léger des flocons, la tombée lente de la
neige se percevaient subtilement. Il semble que du silence
tombe sans cesse pendant ces heures de tempête calme,
que les sons s'enveloppent, que la vie entière se ouate,
qu'elle se recouvre et s'ensevelit sous une neige ininter-
rompue.

Armontgorry somnola. Une torpeur l'engourdissait, bien-être presque inconscient, sorte de néant qui serait orné d'une vague sensation d'existence. Il se laissa glisser de nouveau dans le sommeil.

Un cri perçant l'éveilla en sursaut. Il s'était dressé et, appuyé sur les coudes, écoutait. Il crut avoir rêvé. Mais une rumeur monta de la rue, des cris, des rires, un tumulte étouffé. Alors, il sauta du lit, s'enveloppa dans sa pelisse et courut à la fenêtre. Le givre la couvrait de dessins légers et brillants. Armontgorry souffla sur le fin paysage dessiné par l'hiver sur ses vitres; des montagnes, des forêts, de minuscules océans gelés, des bêtes fantastiques, toute une portion de cette flore et de cette faune hivernales fondit sous la tiédeur de sa bouche. Et il plongea son regard dans la rue.

La maison qu'il habitait était située sur le port. Le rez-de-chaussée était occupé par un marchand de grains dont l'enseigne s'étalait sur la façade, au-dessus de la porte. Sur le quai, la neige amoncelée formait un rempart le long du fleuve. Le Saint-Laurent étalait à perte de vue un désert blanc sillonné des routes tracées par les traîneaux. Ces chemins étaient bordés de sapins que l'on plante l'hiver sur les fleuves gelés du Canada pour indiquer les *traverses*.

Devant la maison, Armontgorry vit une foule grouillante dont il ne comprit pas tout de suite les gestes. C'était jour de marché et les *habitants* venus des campagnes remplissaient le quai d'un mouvement de traîneaux. Le dôme du marché Bonsecours se bombait à quelque distance, sur la droite. Toute l'existence de la ville et du pays environnant semblait se concentrer sur ce quai, devant les galeries de bois du grand bazar aux victuailles. Mais la foule paisible et remuante des jours de marché semblait, ce jour-là, possédée par une frénésie.

Au milieu des chevaux, des traîneaux arrêtés, deux hommes gesticulaient violemment. Un attroupement s'était formé autour d'eux. Le costume national des *habitants* canadiens, le *capot* d'étoffe grise et la *tuque* de laine rouge, dominait dans cette foule où se voyaient aussi la pelisse et la toque de fourrure de quelques bourgeois de Montréal. Une altercation avait eu lieu entre un jeune homme vêtu en *habitant* et un autre en pelisse de fourrure. D'un coup d'œil, Armontgorry comprit ce qui se passait. Un *bureaucrate* et un *fils de la liberté* s'étaient pris de querelle et le peuple l'écoutait en riant. Ces scènes étaient assez fréquentes à Montréal, depuis quelque temps.

Des boules de neige furent lancées. Elles atteignirent le *bureaucrate* qui voulut fuir, mais on lui barra le passage et il subit un bombardement inoffensif dont il se garantissait tant bien que mal. Tout en se couvrant la figure des deux mains, il recula jusqu'à la graineterie, dont il toucha enfin la porte. Elle s'ouvrit et l'homme, tout blanc de neige, s'engouffra à l'intérieur. Une grêle de boules de neige vint s'aplatir sur les battants de bois.

Cette scène ennuyait Armontgorry. Il détestait tout ce qui lui rappelait l'animosité des *patriotes* et des *bureaucrates*. Sa double qualité de Canadien français et d'officier anglais le gênait, au fond, beaucoup. Aussi, tâchait-il intérieurement à concilier ses sentiments et, n'y parvenant pas, il préférait ne pas songer à ces choses. Il allait se retirer de la fenêtre avec un peu d'humeur, quand un nouveau spectacle l'y retint.

Une petite troupe d'*habits rouges* s'avançait. Un officier marchait en tête, monté sur un beau cheval. Sous les flocons de neige qui mouchetaient de blanc les uniformes et les fourrures, les militaires anglais étaient un beau et pittoresque spectacle. Armontgorry, en homme du métier, se plut à admirer ces soldats dont il était fier d'être l'un des chefs.

Les *habitants* commençaient à se disperser. Quelques-uns faisaient la haie pour voir passer le peloton qui s'avançait. Au moment où l'officier arrivait devant la maison, une boule de neige lancée d'une main sûre vint le frapper en plein visage. Sous l'insulte, il fit cabrer son cheval. Les soldats s'arrêtèrent.

Les gens se mirent à fuir. Quelques boules de neige vinrent encore toucher l'officier qui, furieux, lança un ordre. Alors, les soldats dispersèrent rudement les derniers curieux. Il y eut des bousculades dans la neige. Deux hommes furent arrêtés et maintenus. Le régiment reforma ses rangs et la petite troupe repartit, entraînant les deux prisonniers.

Un peu pâle, Armontgorry quitta la fenêtre. Il songea à l'officier. La même aventure aurait pu lui arriver à lui-même. Il se passa la main sur le front avec angoisse... Devant lui, accroché au mur, son uniforme rouge pendait. Cela avait l'air d'un soldat anglais flasque, sans tête ni mains. Armontgorry le considéra pensivement et, le décrochant enfin, il commença à s'en revêtir.

Devant la porte de la graineterie, un traîneau attendait. En traversant le magasin, Armontgorry salua le patron qui, assis près du poêle, lisait un journal. Une bonne odeur de grains secs flottait dans la grande pièce basse aux solives rapprochées.

— Monsieur Jeannotte, je pars pour Chambly, où je resterai quelques jours. Si on vient me demander, dites que je serai de retour au commencement de la semaine prochaine.

M. Jeannotte caressa de la main ses courts favoris blancs, enleva ses lunettes et fit signe qu'il avait compris.

— Vous avez vu ce qui s'est passé tantôt, lieutenant?

Armontgorry haussa les épaules avec ennui.

— Cela est bien regrettable, lieutenant. Ces scènes ne présagent rien de bon. Et cela est bien mauvais pour le commerce... Oui, je dirai à ceux qui viendront vous demander que c'est lundi que vous rentrez.

Saluant son logeur, le jeune officier disparut.

Assis dans son traîneau, il se laissa bercer par le glissement rapide. Le cheval allait bon train, malgré la neige épaisse qui embarrassait et ralentissait son trot. Armontgorry se dirigea vers une pente qui conduisait du quai sur la glace du fleuve. Derrière les patins du traîneau, deux ornières se creusaient, aussitôt remplies par la neige tombante. Et, brusquement, sur le grand fleuve blanc, ce fut le silence, la solitude d'un désert.

Les rafales furent plus violentes à mesure que le traîneau gagnait le large. Des craquements sourds parcouraient l'immense plaine. Par endroits, des espaces de glace étaient entièrement découverts où la neige fine courait sans se coller. Alors, les fers du cheval mordaient la glace vive et Armontgorry, sous l'épaisseur transparente, voyait le fleuve couler, mystérieux et prisonnier.

La neige qui tombait toujours couvrait l'échine et la tête du cheval qui secouait parfois les oreilles tout en trottant. Armontgorry sentait le chatouillement délicat des flocons sur sa figure. Ses fourrures et son habit rouge disparurent peu à peu sous la fine poudre blanche.

Et il fut recouvert doucement et comme sculpté par la neige, et devint une forme blanche qui se confondit avec tout ce qui l'entourait. Il était blanc comme le Saint-Laurent, comme les villes et les villages sur les deux rives, comme le Canada tout entier de l'Atlantique au Pacifique, du lac Champlain à la baie d'Hudson.

4

BROWN

«Henriette!» L'appel résonna dans la pièce, parut s'arrêter à chaque solive du plafond bas et repartit d'un jet de plus en plus faible pour atteindre enfin la porte et aller mourir dans l'écho du corridor. M. de Thavenet attendit quelques minutes. Aucune réponse ne lui parvenant, il eut un geste d'impatience et reprit sa pose lassée dans son grand fauteuil.

À la fenêtre, le large paysage coutumier offrit de nouveau sa splendeur aux yeux fatigués du vieillard. Il considéra durant quelques minutes le contraste du fleuve aux eaux rapides et du bassin terne et mort. Ce lac de Chambly forme un des spectacles les plus calmes du monde. Les rives s'écartent doucement et s'arrondissent et l'on aperçoit dans un lointain bleuâtre le vieux fort Pontchartrain qui semble prendre un relief belliqueux sur ce paysage plat. La brique des tours à moitié écroulées fait une tache rousse entre le ciel et l'eau.

M. de Thavenet dérangea les couvertures qui enveloppaient ses jambes malades, saisit sa canne et, se soulevant légèrement, il frappa au plafond en appelant de nouveau:

— Henriette!

— Me voici, papa, qu'y a-t-il? dit une voix calme.

Une jeune fille venait d'entrer et s'avançait dans la pièce. Sa beauté encore ronde et enfantine se revêtait d'une sorte de gravité. Tout en arrangeant les couvertures et les coussins dans le fauteuil, elle se débarrassait du long manteau qui l'enveloppait.

— Où étais-tu?... Je suis toujours seul ici... Je sais bien que ma société vous ennuie tous. Pourtant, je ne vivrai pas longtemps. Vous serez bientôt débarrassés de moi. Ah! si votre mère avait vécu, je n'aurais pas mené cette existence d'ermite!

Sans répondre aux grognements de l'irascible vieillard, la jeune fille achevait de mettre de l'ordre autour de lui. Un vague sourire un peu distrait errait sur ses lèvres. Elle s'approcha de la fenêtre et souleva le rideau.

— Quelle heure est-il?

— Quatre heures, père.

— Jérôme ne viendra pas aujourd'hui. Et cet animal de Cormier non plus.

— Mais si, voyons, vous savez bien qu'ils ne peuvent être au manoir avant six ou sept heures ce soir. Les chemins ne sont pas bons entre Montréal et Chambly. Il a encore neigé ce matin et les routes sont pleines de boue à moitié gelée. Les chevaux ne vont pas vite en cette saison.

M. de Thavenet haussa les épaules avec impatience. Henriette allait et venait par la pièce, rectifiant un cadre au mur, faisant rentrer un livre à l'alignement dans la bibliothèque, promenant par le salon ses doigts et son regard attentifs.

— Maintenant, père, il faut que j'aille donner des ordres à la cuisine... Quel livre désirez-vous en attendant le dîner? *Les Mémoires d'Hamilton, La Princesse de Clèves,* Montaigne?...

— Non, rien de tout cela, Henriette. Ce sont là des lectures bien frivoles et bien païennes où je ne me suis que trop complu jusqu'ici. Quand on approche comme moi de la mort, on devrait davantage songer à Dieu... Donne-moi cette *Introduction à la vie dévote,* de saint François de Sales qui joint à un grand agrément de style un solide enseignement religieux. À mon âge, la religion ne doit-elle pas devenir le refuge de l'esprit et du cœur?

✿ ✿ ✿

Quand, après avoir somnolé sur sa lecture, le vieux gentilhomme s'éveilla, la nuit était complètement tombée. Sur un guéridon, un candélabre à abat-jour répandait une douce lumière par la pièce. Dans la maison, se percevaient une rumeur de voix, des pas. M. de Thavenet frappa sur le parquet avec sa canne. Aussitôt Henriette apparut suivie de Jérôme et du notaire Cormier.

Le jeune homme embrassa son père avec effusion. Celui-ci semblait tout heureux de le voir. Il avait perdu son air rogue. La présence de son vieil ami Cormier contribuait aussi à le dérider. Le notaire apportait des nouvelles de Montréal et, comme il était assez loquace, cela distrayait le vieil infirme.

— M. le curé Loutre, dit une voix à la porte du salon.

Et Cotineau s'effaça pour livrer passage au curé de Saint-Mathias. Le valet du notaire Cormier le suivait toujours dans ses déplacements et, tout simplement, prenait son service chez les amis de son maître.

L'abbé Loutre s'était assis. Il plaça sur son crâne chauve une petite calotte de soie noire et renifla une prise de tabac après en avoir offert à la ronde. Sa figure reflétait l'intelligence par les yeux brillants, le grand nez aux ailes mobiles, la bouche fine dont le sourire ironique se tempérait par une expression de profonde bonté.

— Cormier me disait justement, Monsieur le Curé, que tout va mal à Montréal, que les esprits s'échauffent de plus en plus, qu'un vent de rébellion souffle et que...

— Mais, vous faussez mes paroles, Thavenet, interrompit le notaire, je n'ai pas dit que tout allait mal...

— Comment! vous osez prétendre que s'acheminer

vers la révolution n'est pas un mal! Que ce jacobin de Papineau, ce Robespierre...

— Oh! fit l'abbé Loutre, en secouant placidement quelques grains de poudre fine sur la toile de son rabat, c'est probablement faire beaucoup de tort à M. Papineau. Il ne mérite sans doute «ni cet excès d'honneur, ni cette indignité». Cependant, je dois dire que je ne vois pas sans inquiétude grandir son influence. À quoi veut-il donc nous mener?

— N'en doutez pas, l'abbé, à la rébellion d'abord, à la révolution ensuite. Les gens de votre caste et de la mienne n'en mèneront pas large sous le gouvernement de M. Papineau. Nous allons voir au Canada les temps de 89 et de 93.

M. de Thavenet agitait son long corps maigre. Un peu de fièvre rougissait ses joues creuses.

— Mais la présence d'hommes comme M. Cormier au milieu des agitateurs est rassurante, dit l'abbé en souriant.

— Eh! c'est selon. Il y avait en 89 et en 93 les députés du Tiers et les Girondins qui étaient aussi des hommes modérés, ce qui n'a empêché ni les excès ni les massacres...

Le notaire haussa les épaules. L'ironie de l'abbé Loutre ne le choquait pas moins que l'exagération de M. de Thavenet.

— Papineau et ses partisans, dit-il, sont des patriotes qui ne veulent que la délivrance de la patrie.

— Croyez-vous donc, Cormier, que nous ne l'aimons pas notre patrie! À vous entendre, il n'y aurait que les brouillons qui soient patriotes. Mais nous estimons que nous avons des devoirs de fidélité à l'Angleterre. Ne sommes-nous pas sujets de Sa Majesté le roi Guillaume IV?

— Jérôme, dit mademoiselle de Thavenet en se levant, il est l'heure d'aller nous préparer. Le bal commence à onze heures aux casernes et la route est mauvaise d'ici à Chambly.

🙦 🙦 🙦

Dans la voiture qui les conduisait du manoir de Saint-Mathias à Chambly, Henriette et Jérôme causaient ou plutôt il serait plus juste de dire que Jérôme monologuait, car la jeune fille demeurait silencieuse.

— Crois-tu, Henriette, que lady Gosford sera au bal?... Tu ne saurais imaginer la jolie robe que portera Lilian Colborne. Elle nous l'a fait voir à Armontgorry et à moi l'autre soir chez elle. Une merveille de soie et de fourrure. Il faut que tu saches que la fourrure se porte beaucoup en ce moment pour les robes de bal. Lilian sera délicieuse là-dessous... Il n'y aura que toi pour être plus jolie et mieux habillée, ajouta-t-il galamment en cherchant à distinguer dans l'ombre la toilette de sa sœur.

À ce moment, la route faisait un coude, Henriette leva les yeux. On apercevait sous la lune la forme déjà indéterminée du manoir de Saint-Mathias. Les grands toits s'abaissaient jusqu'aux fenêtres du premier étage. Le rez-de-chaussée était éclairé, ainsi qu'une lucarne dans les combles. Henriette considéra un instant cette lumière.

— Est-ce que Cotineau habite cette chambre là-haut? dit-elle comme à elle-même.

— Que tu es étrange, Henriette! Au lieu d'écouter ce que je te raconte, tu es à te demander quelle chambre occupe au manoir le domestique de M. Cormier... Tu seras donc toujours préoccupée par tes devoirs de maîtresse de maison? Mais je t'en prie, oublie tout cela et songe à t'amuser. Tu rencontreras ce soir toute la jeunesse canadienne. Je veux que ta beauté tourne la tête aux officiers. Il te faut des amoureux ce soir.

— Mais, j'en ai déjà un, dit Henriette en riant.

— Vraiment! Et qui donc, s'il te plaît?

— Ah! mais je ne te le dirai pas. Cherche...

— Sera-t-il au bal ce soir?

— Oui.

— Eh bien, Henriette, je jure de le découvrir à la figure qu'il fera en te voyant, à sa jalousie quand tu danseras avec Messieurs les *habits rouges*... Au fait, cet amoureux, n'est-ce pas Armontgorry?

— Mais non, voyons, tu sais bien qu'Armontgorry recherche les Anglaises et particulièrement Lilian Colborne.

— C'est vrai, dit Jérôme qui devint songeur.

Quand leur voiture s'arrêta devant le long bâtiment des casernes, il était onze heures passées et le bal était commencé. La petite ville de Chambly, qui était militaire à cette époque, semblait vivre tout entière dans la grande salle du mess transformée en salle de bal. Dans la cour de la caserne, de nombreuses voitures remisées et des chevaux attachés sous les hangars attestaient que les invités étaient venus de loin. En effet, de tous les villages des environs, de tous les manoirs de la région de Montréal, les gens s'étaient rendus à l'invitation du général Colborne.

Lorsque Henriette de Thavenet, débarrassée de sa cape de fourrure, entra dans la salle de bal avec son frère, la musique d'une polka les accueillit. Massé derrière des plantes vertes, l'orchestre militaire semblait se dissimuler dans un jardin factice de théâtre. La salle décorée de drapeaux anglais et très brillamment éclairée offrait un spectacle assez curieux. Les uniformes rouges dominaient et faisaient des taches glorieuses au milieu de la soie, des fourrures et des rubans des femmes. Jérôme se sentit piètre dans son habit, et gêné. Il apercevait au milieu de la salle Armontgorry dans son élégant uniforme et cela lui fut désagréable. À cette minute, il eût donné beaucoup pour être serré lui aussi dans un habit rouge et paraître ainsi devant Lilian Colborne.

Cependant, sur le passage des deux jeunes gens qui allaient saluer le gouverneur, un murmure flatteur les accompagnait. Indifférente, Henriette ne voyait pas les regards que sa beauté lui attirait. Mais son frère en était tout regaillardi. Il se sentait fier de donner le bras à la plus belle personne du bal et que cette personne fut sa sœur, Henriette de Thavenet, il en rejaillissait sur lui une sorte de considération dont il respirait à cette minute l'encens subtil.

Aussi quand ils arrivèrent devant les fauteuils où se tenaient les personnages officiels, ce ne fut pas sans une orgueilleuse aisance que le jeune homme fit la révérence de cour.

Lord Gosford accueillit les jeunes Thavenet avec sa politesse un peu affectée et son amabilité de convention. Autour de lui, se tenaient des militaires, quelques dames, des vieux messieurs. Pendant qu'Henriette échangeait des politesses avec lady Gosford, aimable personne languissante, Jérôme serrait des mains. Il subit la poignée de main vigoureuse du colonel Gore qui se tenait derrière le fauteuil de lord Gosford, comme une sentinelle monte la garde. Le vieux soldat considérait la fête sous ses sourcils broussailleux et, de temps en temps, portait la main à sa bouche où il étouffait un bâillement profond. Près de lui, se tenait le colonel Wetherall, commandant des troupes à Chambly. Jérôme cherchait des yeux le général Colborne et Lilian.

— Monsieur de Rouville, vos filles dansent admirablement.

Lord Gosford avait adressé ces paroles à un vieillard assis à côté de lady Gosford et qui sourit. M. de Rouville avait une figure calme et fine sous des cheveux complètement blancs. Vêtu avec une élégance un peu surannée, il croisait des mains baguées sur une canne de bois des îles. Sa haute taille semblait plier légèrement, comme entraînée par le poids de sa corpulence. Il montra du menton Henriette qui causait sagement assise au milieu du cercle.

— Et voilà une bien belle danseuse qui ne danse guère, il me semble, lord Gosford. Je regrette de n'être plus assez jeune pour engager avec elle la prochaine polka.

— Je ne le suis plus assez non plus, hélas! répondit lord Gosford. Mais, je vais lui présenter quelqu'un qui sera enchanté... Lieutenant Fenwick!

Un jeune officier se détacha d'un groupe et s'avança. Il était blond, de ce blond un peu roussi des Écossais. Sa figure juvénile annonçait une candeur pleine de franchise. Il cambra sa taille élégante dans une attitude disciplinée.

— Mademoiselle de Thavenet, permettez-moi de vous présenter le lieutenant Fenwick, fils de sir Frederic Fenwick, de Londres, qui est un peu cousin de lady Gosford.

Henriette salua, sourit et s'autorisa de l'incident pour se lever et prendre congé de lady Gosford. Le lieutenant Fenwick fit deux pas en avant. Une rougeur de timidité fardait les joues du jeune homme. La beauté d'Henriette avait fait sur lui une impression dont il cherchait visiblement à surmonter le trouble pour articuler une invitation à danser. Il allait la formuler quand quelqu'un s'interposa entre lui et la jeune fille.

— Mademoiselle de Thavenet, accordez-moi cette valse, voulez-vous?

Henriette s'était retournée, un peu surprise. Le gros Brown était devant elle, souriant de toute sa figure réjouie, les bras déjà arrondis et les jambes déjà dansantes.

Et comme la jeune fille hésitait, il se pencha et lui murmura: «J'ai quelque chose de sérieux à vous dire, cela n'aura l'air de rien de vous parler en dansant. Venez.»

La jeune fille, en se laissant entraîner par Brown dans les groupes tournoyants, ne put s'empêcher de jeter un regard sur le lieutenant Fenwick. Elle vit qu'il était demeuré à la même place et qu'il ne la quittait pas des yeux. Et, chaque fois qu'elle repassait à cet endroit, leurs yeux se rencontraient. Cependant, elle demandait à Brown:

— Eh bien, de quoi s'agit-il? Qu'avez-vous à me dire?

— Mais d'abord, que je vous aime, que je vous adore, que...

— C'est bon, Brown, finissez vos folies. Je vous ai dit que cela m'ennuyait. Que voulez-vous me dire?

— Allons, fit le gros garçon avec un soupir, je vois que vous êtes toujours cruelle... Je voulais vous avertir qu'il y aura une assemblée à Montréal, le mois prochain, dans la nuit du 20 et que chacun doit y donner des précisions sur ce qu'il peut fournir en armes, munitions, argent, etc. Voulez-vous y être?

— Oui.

— Alors, rendez-vous à Montréal, chez...

Et, en lui murmurant le nom du conjuré, Brown approcha ses lèvres des cheveux de la jeune fille dont il effleura légèrement les bandeaux odorants et lisses.

Jérôme venait enfin d'apercevoir Lilian Colborne. Il fit quelques pas pour aller vers elle. À ce moment, Henriette et Brown passaient devant lui en tournoyant au rythme de la danse. Il vit Brown se pencher et baiser presque les cheveux de sa sœur. Une colère s'empara de Jérôme. Comment, c'était ce gros Brown ridicule, l'amoureux dont Henriette lui avait parlé! C'était bien la peine vraiment de si mal accueillir les hommages des jeunes gens de la bonne société pour recevoir ceux de ce gros garçon commun et dont personne ne savait d'où il sortait!

Quand Jérôme, revenu de sa surprise d'avoir découvert l'admirateur très inattendu d'Henriette, voulut rejoindre Lilian Colborne, il la vit qui dansait au bras d'Armontgorry. Cette circonstance accrut grandement sa mauvaise humeur.

Aussi, Henriette ne fut pas peu surprise quand, à trois heures du matin, alors qu'ils venaient de monter en voiture, elle entendit Jérôme lui dire:

— Tu sais, je ne te félicite pas de ton amoureux.

— Mon amoureux? dit-elle, pendant que la vision d'un jeune lieutenant aux cheveux presque roux flottait devant ses yeux.

— Oui, ce gros Brown qui dansait avec toi en te serrant de si près que j'ai failli aller le gifler.

— Oh! fit Henriette en riant, comme tu es perspicace, Jérôme! Vraiment, tu vois tout, tu es terrible. Mais, surtout, garde bien pour toi cette belle découverte.

Cependant lord Gosford quittait le bal lui aussi. Les derniers invités s'en allaient, d'ailleurs. La fête avait été très brillante. Le gouverneur était enchanté. Il allait monter en voiture avec lady Gosford, croulante de sommeil résigné, quand il rencontra sur le perron le général Colborne.

— Ah! général, dit le gouverneur, ne voilà-t-il pas une belle nuit? Je suis très content, un peu fatigué, mais très content. Mes bons amis les Canadiens étaient joyeux ce soir. Vous avez vu quelle amitié règne entre la société française et la société anglaise. Vous aviez raison, général, de vouloir donner cette fête, c'est vous qui aviez raison. Cela a très bien réussi. J'en augure beaucoup de bien.

Et le gouverneur monta en voiture pendant que le général gravissait le perron en haussant imperceptiblement les épaules.

DEUXIÈME PARTIE

LES PATRIOTES

5

PAPINEAU

Quand Henriette de Thavenet passait quelques jours à Montréal, elle logeait chez Lilian Colborne. Il existait entre ces deux jeunes filles une amitié toute mondaine où entrait beaucoup de méconnaissance mutuelle. Si Henriette considérait la froide Anglaise avec une sorte de pitié bienveillante, Lilian avait pour la Française irréfléchie et légère un vague dédain dissimulé. Cette façon sommaire de se juger ne nuisait pas trop à leur amitié. Les gens de races différentes ont l'habitude de ces psychologies rapides et peu approfondies.

Dans l'après-midi du 20, Mlle de Thavenet était arrivée en voiture. La jeune fille avait l'habitude de ces randonnées de Saint-Mathias à Montréal. Souvent, elle y venait à cheval. Parfois un domestique l'accompagnait. Ce jour-là, elle était seule.

Mademoiselle Colborne, enchantée de voir son amie, la reçut avec cette amabilité calme et hospitalière propre aux Anglais. Chez eux, on est libre et sans contrainte, on n'a jamais la sensation de déranger par sa présence la vie de famille ni de mettre en frais pour vous recevoir, domestiques et maîtres de la maison. Il ne semble pas qu'on quitte sa chambre pour la céder ni qu'on a dû serrer les couverts à table pour vous faire place.

Tout en aidant Henriette à se débarrasser de son manteau, Lilian Colborne lui avait dit:

— Nous aurons à dîner ce soir lord Gosford et M. d'Armontgorry.

— Vous savez, avait répondu Henriette, je serai forcée de vous quitter immédiatement après le dîner... Ma vieille cousine La Nouiller est très souffrante depuis quelques jours et j'irai passer une heure avec elle. Mais demain, Lilian, je serai à vous toute la journée.

Au salon, Henriette avait trouvé en effet lord Gosford et Armontgorry. Ce fut une fatigue pour la jeune fille de soutenir la conversation avec ces deux hommes, car lord Gosford parlait anglais aussi souvent qu'il le pouvait. Elle finit par se chauffer les semelles à la grille de la cheminée en écoutant leur conversation bilingue.

À l'heure exacte du dîner, le général Colborne fit son entrée dans le salon. Sur ses talons, un jeune officier entra, alla serrer la main de lord Gosford et s'incliner devant Lilian.

— Oh! fit celle-ci, j'avais oublié de vous dire, Henriette, que le lieutenant Fenwick dînerait avec nous.

— Nous referons connaissance, mademoiselle de Thavenet et moi, dit le jeune Anglais.

En le reconnaissant, Henriette s'était sentie rougir, ce qui la fâcha contre elle-même. Peu timide pourtant, elle ne trouvait pas une formule à dire, ni en anglais ni en français: «Comme je suis nerveuse, ce soir, se dit-elle, ce garçon me trouvera stupide.»

Cependant lord Gosford disait à Armontgorry: «Voyez comme mon jeune parent le lieutenant Fenwick parle correctement le français. Je suis certain que vous vous entendrez fort bien avec lui.»

À table, le lieutenant Fenwick, placé à côté d'Henriette, se montra un voisin charmant. Pendant que la conversation devenait générale entre les quatre convives, il s'établissait entre le lieutenant et elle une sorte d'aparté.

— Je ne connais pas Paris, lord Gosford, disait Armontgorry, avec son accent le plus affecté, lors de mon séjour en Angleterre j'ai été pris tout entier par la société anglaise. La vie de Londres est si passionnante!

— Oh! comme c'est curieux un Français qui ne connaît pas Paris! Moi, je l'adore. J'y ai des amis. D'ailleurs, la plupart des Anglais sont ainsi; nous aimons la civilisation française. Vous trouvez déjà cette passion des Anglais pour la France au temps d'Élisabeth. Dès cette époque, on trouvait en Angleterre la vie de Paris plus raffinée et plus voluptueuse que celle de Londres. C'est un personnage de Fletcher ou de Ben Jonson qui s'écrie à propos de son fils rentrant d'un voyage en France: «Comme il est corrompu, il mange avec des fourchettes!»

— Je suis comme lord Gosford, dit le lieutenant Fenwick en regardant Henriette, j'aime l'esprit français. Comme je suis heureux que l'on m'ait envoyé ici où je me trouve en pleine civilisation française! Songez donc que j'aurais pu être expédié dans quelque région perdue, aux Indes ou à Gibraltar.

— Vous ne vous ennuierez donc pas au Canada comme M. d'Armontgorry qui regrette Londres? dit Henriette. Et, sans attendre la réponse du jeune homme, elle ajouta sèchement: «Et puis il y a moins de risques à courir au milieu des Français du Canada que chez les Nègres ou les Hindous des autres colonies anglaises.»

Un peu interloqué d'abord, Fenwick la regarda en souriant. Henriette avait parlé avec une sorte de nervosité. Ses yeux brillaient et elle avançait vers lui une bouche qui semblait le défier. Il ne tenta nullement d'ailleurs de dissimuler tout le plaisir qu'il prenait à la regarder, car il trouvait Henriette extrêmement jolie. Il se contenta de dire:

— Oh, il n'y a pas de risques dans aucune des colonies anglaises, mademoiselle, et l'Angleterre y place généralement au commandement militaire des hommes de premier ordre.

— Ah!

— Comme le général Colborne, ajouta Fenwick gravement.

⁂

Le printemps tardif du Canada enveloppait toutes choses de sa douceur déjà chaude. Les rues de Montréal séchaient au soleil. Un peu de neige boueuse séjournait encore sous les perrons et à l'ombre des cours. Parfois une buée froide venue des glaces du Saint-Laurent s'engouffrait dans les rues étroites qui montent du port. Et, la nuit, des giboulées couvraient les toits d'un hiver artificiel qui fondait dès le matin.

Dans la rue Saint-Vincent, des flaques stagnaient sur le pavé inégal. Au bord des trottoirs, un peu de glace sale achevait de fondre. Les toits s'égouttaient.

— Puisque Monsieur le Notaire doit sortir ce soir, dit Cotineau qui regardait par la fenêtre, il ferait bien de mettre des bottes car il y a de l'eau par les rues.

Maître Cormier, qui somnolait dans un fauteuil, se retourna. Le domestique époussetait silencieusement les dossiers sur la table et promenait par toute la pièce un plumeau minutieux.

— Quand es-tu entré dans cette chambre, Cotineau? Je ne t'ai pas entendu. Ne t'ai-je pas prié cent fois de frapper avant de pénétrer ici... Tu aurais pu me déranger, ajouta naïvement le vieillard.

— Oh! s'il faut frapper chez soi maintenant, dit Cotineau, et avec toutes les portes qu'il y a dans la maison!...

— C'est bon, c'est bon, fit débonnairement le notaire et répondant à la question de Cotineau, d'ailleurs, je ne sors pas ce soir.

— Mais comme je sais bien moi que vous sortez puisque c'est le 20 et que vous allez à la réunion des *Fils de la Liberté*, je vais toujours arranger vos bottes.

Maître Cormier semblait un peu embarrassé.

— Il est inutile, Cotineau, que tu cires mes bottes, je ne sortirai pas ce soir te dis-je.

— Alors, c'est donc que Monsieur le Notaire cesse de s'occuper de toutes ces histoires?

— Pas tout à fait puisque c'est ici que les *Fils de la Liberté* se réunissent ce soir. Tu allumeras les bougies dans le salon et tu fermeras bien les contrevents.

De surprise, Cotineau avait laissé choir son plumeau.

— Ici, dans votre maison, ils vont venir ici! Monsieur le Notaire n'y songe pas. M. Papineau, M. Nelson, M. Chénier, M. de Lorimier ici! Des hommes qui sont suspects au gouvernement, qui iront peut-être en prison un jour ou l'autre, qui finiront sur...

Mais le notaire, sans écouter les doléances de son domestique, avait quitté la pièce.

Le salon de maître Cormier était une grande pièce

assez triste où personne ne venait jamais. Dans un coin, un poêle se dressait dont le tuyau courant sous le plafond allait trouer la muraille et se perdre dans une chambre voisine. Des fauteuils de crin étaient rangés contre les murs. Un large guéridon supportait un cornet de verre d'où émergeait un bouquet de fleurs en porcelaine. Cela tenait du parloir de couvent ou du presbytère de campagne.

Les candélabres allumés sur la cheminée et dont les sautillantes lumières se reflétaient dans la glace trouble achevaient de donner à ce salon un aspect funèbre.

Une dizaine d'hommes y étaient réunis. Assis ou debout, ils causaient à demi-voix. Des anneaux bleuâtres de fumée montaient des pipes et des cigares et s'étiraient vers la chaleur du poêle. Chaque fois que le marteau de la porte retentissait, les conversations s'interrompaient. Le nouveau venu entrait, serrait les mains, échangeait quelques mots avec chacun, puis s'isolait dans un coin avec Cormier. Celui-ci tirait fréquemment sa montre qu'il consultait d'un coup d'œil. Ce geste avait quelque chose de nerveux et de machinal qui trahissait une préoccupation inquiète.

Enfin, à dix heures, il s'avança au milieu de la chambre, parut faire le compte de ses hôtes et dit d'une voix grave:

— Messieurs, nous sommes au complet. Puis se tournant vers un homme de haute taille qui, devant le poêle, chauffait la semelle de ses bottes:

— Papineau, à vous la parole.

Il y eut un mouvement général des fauteuils. Le silence se fit immédiatement. Quelqu'un secoua sa pipe sur son talon. Papineau se retourna.

Sa figure apparut éclairée d'un côté par les bougies. Ses traits, modelés durement par la lumière et l'ombre, avaient un relief magnifique. Aucune mollesse ne venait alourdir ce masque où les yeux se creusaient comme dans une figure de pierre. Le front était allongé par les cheveux rejetés en arrière. La bouche mince, aux lèvres un peu tombantes, était dédaigneuse sous un grand nez frémissant. La maigreur de ce visage était vigoureuse et une autorité émanait de tout l'homme. Drapé dans son manteau qu'il avait gardé, il prenait une attitude un peu théâtrale. Toutes les têtes étaient tendues vers lui.

— Messieurs, dit-il lentement, il était bon de nous réunir encore ce soir. Il était nécessaire de nous concerter avant de prendre une décision définitive. Et cette assemblée revêt un caractère d'autant plus solennel qu'elle sera la dernière que nous tiendrons. En effet, nos réunions sont connues du gouvernement et il est devenu dangereux de...

Le marteau de la porte avait retenti. L'orateur s'était arrêté brusquement. Les regards s'interrogèrent. Maître Cormier regarda sa montre et parcourut de l'œil le salon.

— Ne sommes-nous pas au complet? lui demanda Papineau presque bas. Attendez-vous encore quelqu'un?

Sans répondre, le notaire s'avança vers la porte. Elle s'ouvrait au même instant et Cotineau se passait la tête.

— On demande Monsieur le Notaire.

Dans le salon, un certain malaise régnait. On entendait un murmure derrière la porte, dans le corridor. Adossé à la cheminée, Papineau avait conservé son attitude. Il semblait, drapé dans son manteau, jouer un rôle de Sophocle ou de Racine.

Enfin le notaire rentra dans la pièce.

— C'est Mademoiselle de Thavenet qui est là, dit-il, et qui demande à assister à notre colloque. À moins que cela ne gêne quelqu'un, je crois que nous pouvons.

— Mais comment donc, s'écria le gros Brown, qui se détacha d'une encoignure, Mademoiselle de Thavenet est acquise depuis longtemps à la cause que nous servons.

Il y eut un murmure approbateur. Le notaire alla chercher Henriette qu'il introduisit dans le salon. Ceux qui avait continué de fumer éteignirent leurs pipes qu'ils secouèrent dans le creux de leur main. Papineau gardait toujours la pose.

Quand la jeune fille se fut assise, il reprit son discours où il l'avait interrompu. Mais quelque chose avait changé dans le ton et dans le choix des mots. Il semblait que la présence d'une femme parmi son auditoire lui eut donné des préoccupations de ténor. Sa déclamation devint lyrique. Il vitupéra l'Angleterre en termes magnifiques et non exempts d'éloquence.

Henriette de Thavenet écouta d'abord avec une attention passionnée cet homme auquel, comme beaucoup de ses compatriotes, elle vouait une profonde vénération et qu'elle considérait presque comme le sauveur de la patrie. À travers sa renommée, il lui était apparu très grand et revêtu d'un immense prestige. Elle le trouvait vertueux et héroïque. La dignité de sa vie privée, le courage de sa vie parlementaire lui plaisaient et l'enthousiasmaient. Elle voyait dans cet homme un héros national.

Mais elle cessa brusquement de se laisser subjuguer par la belle voix de l'orateur et se prit à écouter le sens de son discours. Au bout de quelques minutes, elle s'ennuya. Les phrases sur la future république canadienne et les lieux communs patriotiques lui parurent un peu vides. Elle trouva quelque boursouflure aux idées et on ne savait quelle vacuité déconcertante. Cependant, la péroraison fut d'un si bel élan oratoire qu'elle ne put s'empêcher de l'applaudir.

Papineau sourit, la remercia d'un salut et alla s'asseoir au fond du salon, dans l'ombre. Il avait terminé et était fatigué comme un acteur qui vient de jouer sa grande scène.

La conversation devenant générale, Henriette essaya de comprendre ce qui se disait. Elle y renonça bientôt. Les propos se mêlaient et se croisaient. Elle entendit parler de fusils, de munitions, de résistance par la force, du soulèvement des campagnes, des *bureaucrates*. Un homme assez gros, vêtu d'étoffes du pays comme un *habitant* et chaussé de mocassins, se faisait remarquer par la violence de ses paroles. Sa large figure ornée de favoris semblait fulminer. Il agitait ses mains et remuait de tout son corps en parlant.

— Qui est-ce? dit Henriette à Brown en le désignant.

— C'est Nelson. Ce sera le Washington de la rébellion.

— Le Washington! dit la jeune fille un peu surprise, mais j'aurais plutôt cru que Papineau...

Brown se mit à rire.

— Papineau? Oui sans doute, il parle bien. Les Canadiens adorent cela.

Henriette regardait les hommes qui étaient là. Elle sentait en elle une sorte d'amitié pour ces être épris de liberté et d'indépendance. Comme ce serait beau, cette république canadienne que rêvaient de fonder sur les bords du Saint-Laurent, Papineau et Nelson!

Le bruit d'une discussion s'éleva.

— Avant de tenter un mouvement contre les *bureaucrates*, disait un jeune homme à la figure inquiète, ne faudrait-il pas s'assurer du concours de la population?

— Oh! la population est à nous, dit Papineau.

— Oui, le peuple, dit le jeune homme pensivement, se lèverait en masse à votre voix, Papineau. Mais l'aristocratie française, les marchands anglais, le clergé catholique sont pour la *Bureaucratie*, pour le gouvernement, pour l'Angleterre enfin.

— Eh, qu'importe, Hindelang, fit Papineau avec impatience. Est-ce que les révolutions se sont accomplies en France avec l'aristocratie et le clergé? N'est-ce pas le peuple qui a fait 89 et qui vient de faire 1830?

— Nous sommes au Canada ici, Papineau, dit quelqu'un, et les conditions ne sont pas les mêmes. Notre révolution sera une guerre d'indépendance et non une révolte sociale. Je suis, moi aussi, inquiet de l'attitude des hautes classes de la société canadienne à notre égard.

Un homme de petite taille se dressa sur ses talons. Sa figure énergique sortit de l'ombre et apparut à Henriette qui la considéra avec curiosité. Brown se pencha vers la jeune fille et lui dit: «Chénier. C'est lui qui soulèvera le comté des Deux-Montagnes. Mais il n'a pas l'influence de Papineau, car il n'est pas orateur.»

— Lorimier a raison, Messieurs, disait Chénier d'une voix sourde, il ne s'agit pas de déchaîner une révolution sociale au Canada et encore moins une guerre de races. Il s'agit de soulever le pays contre la *Bureaucratie* qui nous opprime. Mais n'oublions pas que les propriétaires et les marchands appartiennent au parti anglais et que ce parti anglais est aussi hostile à la *Bureaucratie* que nous le sommes nous-mêmes. Il faudrait gagner à nos idées...

— Nos idées sont républicaines et jamais la faction dont vous parlez ne se joindra à nous.

— D'ailleurs, interrompit brusquement Nelson en se levant et en endossant son paletot, nous attendrons l'occasion. Nos voisins les Américains attendirent bien des années avant de trouver l'heure propice à la rébellion. Il fallut que l'impôt sur le thé vînt mettre le comble aux vexations de l'Angleterre pour que George Washington se décidât à agir. Ne craignez rien, l'occasion se présentera bientôt. Et alors...

— Et alors, dit Papineau, en regardant Nelson avec ironie, un George Washington se mettra à notre tête...

— Oh! un Papineau seulement, dit le gros homme en lançant un regard sans bienveillance au tribun.

Lorimier leva vers les deux hommes sa tête pâle, il les considéra un instant et dit gravement: «Nous ne sommes ici que des Canadiens qui se révoltent contre la *Bureaucratie* qui nous opprime. Nous voulons la liberté.»

Il rêva quelques secondes et répéta: «La liberté!»

— Oui, dit Nelson, et nous l'aurons, mes amis, cette liberté que nous aimons tous, nous l'aurons ou...

— Ou nous mourrons, dit Lorimier avec simplicité.

Tous s'étaient levés. Ils se serrèrent les mains en silence comme pour sceller le serment formulé par Lorimier.

Henriette s'était glissée hors de la pièce, elle se sentait émue et inquiète. Un malaise indéfinissable lui serrait le cœur. Il lui semblait avoir assisté à une cérémonie à la fois funèbre et religieuse. La figure pâle de Lorimier l'avait impressionnée.

Comme elle pénétrait dans la salle à manger, elle vit Cotineau qui en sortait et regagnait sa cuisine.

Tiens, se dit Henriette, il était aux écoutes. On dirait qu'il espionne...

Le notaire, après avoir reconduit chacun de ses hôtes, vint s'asseoir à côté du poêle où Henriette se chauffait en rêvassant.

— Eh bien, Henriette, dit le vieillard au bout d'un instant de silence, n'est-ce pas que Papineau parle bien?

— Oui, il parle bien, répondit la jeune fille.

Mais elle songeait aux paroles du lieutenant Fenwick! «L'Angleterre a partout pour la servir des hommes comme le général Colborne.»

6

JÉRÔME DE THAVENET

L'été de 1837 fut particulièrement accablant. Une torpeur était dans l'atmospère. Parfois un orage crevait. Le bassin de Chambly se couvrait du crépitement de la pluie. Le tonnerre grondait. Henriette regardait ce spectacle avec un secret effroi. Il lui semblait entendre les bruits terribles d'une bataille. Et le soir venu, un brouillard chaud s'élevait du lac et entourait le manoir de Saint-Mathias. Alors, la jeune fille jetait un léger manteau sur ses épaules et allait se promener seule dans le jardin.

Une sorte d'ennui la pressait. Quelque chose lui manquait dont elle ne savait définir la nature. Elle se sentait triste et nerveuse.

L'état du pays la troublait beaucoup. Le peuple remuait. De vagues émeutes avaient eu lieu. Papineau parcourait la région en faisant des discours enflammés. Sur le Richelieu, Nelson soulevait les campagnes. D'autre part, des mouvements de troupes avaient été signalés aux casernes de Chambly. Le gouvernement massait des régiments. On disait que le général faisait des distributions d'armes aux *bureaucrates.*

Le début de l'automne fut tranquille. Il semblait que le gouvernement eût repris confiance et que le peuple se fût apaisé tout à coup. Les journaux contenaient moins d'articles véhéments de part et d'autre. Un peu de calme semblait renaître dans les esprits. On disait que lord Gosford donnerait un grand bal pour la Sainte-Catherine. En chaire, les curés tonnaient contre les agitateurs et prêchaient le calme aux fidèles. L'évêque de Montréal et l'évêque de Québec lancèrent des mandements pour exhorter la population à la paix et à la concorde.

Un soir du mois de novembre, Henriette de Thavenet se tenait assise devant la cheminée du salon où brûlait un grand feu de bûches. M. de Thavenet était monté se coucher. La jeune fille lisait, mais ses yeux se fixaient parfois distraitement sur les flammes. Elle y considérait les spectacles de son imagination. Le vaste silence de la maison endormie l'enveloppait. De temps en temps, la pluie fouettait les vitres.

Un bruit vague venu de la route la fit sursauter soudain. Elle consulta de l'œil une horloge sur la cheminée.

— Dix heures, se dit-elle, Jérôme ne viendra pas ce

soir. Il est resté à Montréal; Lilian ou Armontgorry l'auront retenu...

À ce moment, des pas précipités dans le jardin la firent se dresser. Elle s'approcha de la croisée qu'elle voulut ouvrir lorsqu'elle recula de deux pas en étouffant un cri de surprise. Une figure s'aplatissait tout contre la vitre et deux yeux la regardaient.

Mais elle reconnut son frère qui lui faisait signe d'aller lui ouvrir. Surprise et un peu affolée par l'attitude bizarre de Jérôme, Henriette courut vers le vestibule dont elle ouvrit la porte. Jérôme et un inconnu se glissèrent dans la maison.

— Henriette, fit Jérôme à voix basse, est-ce que tout le monde dort ici?

— Oui, dit la jeune fille, mais pourquoi cette question, que se passe-t-il?

— Chut, entrons au salon, apporte-nous quelque chose à manger, de la viande froide, des biscuits, du vin... Nous mourons d'inanition et de fatigue. Je t'expliquerai.

Quand Henriette revint dans le salon en portant sur un plateau le souper froid demandé par son frère, elle le trouva qui mettait de nouvelles bûches dans la cheminée. Son compagnon était couché plutôt qu'assis dans un fauteuil. Les bottes boueuses des deux hommes, leurs vêtements souillés attestaient une course sous la pluie. La jeune fille, tout en remarquant ces détails, avait approché un guéridon devant le feu. Alors, l'homme qui était entré avec Jérôme et qui n'avait pas encore proféré une parole, releva la tête qu'il tenait dans ses deux mains. Henriette reconnut Armontgorry.

Les cheveux embroussaillés, la face pâle, les vêtements en désordre du jeune homme surprirent Henriette. Armontgorry, toujours si correct et si froid, semblait sortir d'une bagarre. D'ailleurs, il avait l'air anéanti. Impressionnée par son aspect, Henriette n'osait poser de questions. Les deux hommes s'étaient attablés et mangeaient avec appétit.

— Écoute, Henriette, dit Jérôme, il arrive la chose attendue depuis longtemps mais qui surprend tout de même.

La jeune fille se sentit trembler. Elle regarda son frère et Armontgorry. Elle s'aperçut que ce dernier cachait son uniforme sous un *capot* d'habitant.

— Et tu sais, continuait Jérôme, ça ne se passera pas comme dans les discours de M. Papineau. Il a déclenché la chose, à nous d'essayer de l'accomplir maintenant.

— Mais que veux-tu dire, Jérôme? Je ne comprends pas. Que se passe-t-il? Que vous est-il arrivé?

— Armontgorry, dit Jérôme, tu es fourbu, va t'étendre sur ce sofa et dors. Je vais mettre Henriette au courant pendant que tu te reposeras un peu.

Sans mot dire, Armontgorry s'était levé et dirigé vers le canapé où il tomba comme une masse.

— Henriette, dit Jérôme en se penchant vers le feu dont il ranima la flamme, la rébellion est commencée.

Il y avait eu comme une minute de stupeur dans l'esprit de la jeune fille. Les paroles de son frère lui demeurèrent d'abord inintelligibles. Elle le regardait avec une sorte d'étonnement. Enfin, son regard rencontra Armontgorry qui ronflait sur le sofa. Elle remarqua de nouveau les déchirures et la boue de ses vêtements. Une des ganses de son pantalon à sous-pieds était cassée et pendait sur le tapis.

— Mais enfin, Jérôme, que vous est-il arrivé à tous deux?

— Je vais te le dire. Pendant que ce malheureux garçon se repose, je vais te raconter ce qui s'est passé. Et, dans une heure, il faudra l'éveiller et partir.

— Comment, partir! Où allez-vous? Vous vous êtes donc battus que vous fuyez ainsi et que vous n'osez demeurer au manoir?

— Oui, dit le jeune homme, nous nous sommes battus et nous avons fui de Montréal, et nous devons quitter Saint-Mathias car nous sommes traqués.

— Traqués!... vous vous êtes battus contre les Canadiens?

— Nous avons été mêlés à une bagarre entre les *Fils de la Liberté* et les *bureaucrates* et nous avons tapé avec les Canadiens sur les partisans du gouvernement.

— Oh!

— Et quand un régiment, commandé par le lieute-nant Fenwick, est arrivé et a dispersé les groupes, nous nous sommes jetés sur les habits rouges. Armontgorry en uniforme s'est battu contre les soldats de Sa Majesté bri-tannique, dans les rangs d'une troupe de séditieux.

— Mais, c'est très grave pour Armontgorry...

— C'est-à-dire qu'il est passible de la cour martiale. Mais tout cela s'est fait si vite!... Ni lui ni moi n'avons réfléchi. Nous avons été emportés par un instinct: défen-dre les nôtres. Maintenant que mon exaltation est passée, je me rends compte des conséquences terribles que tout cela aura pour nous deux...

— Lilian...

— Oh! Lilian est perdue à jamais. Nous étions rivaux, Armontgorry et moi, et nous ne l'aurons ni l'un ni l'autre. Tu penses si le général Colborne... D'ailleurs, nos vies elles-mêmes sont en danger. Nous pouvons être arrê-tés d'un moment à l'autre. À l'heure qu'il est, Papineau et beaucoup de ses partisans doivent être en prison.

— Mais, alors, qu'allons-nous faire, qu'allons-nous faire tous? dit Henriette avec surexcitation.

— Nous battre, Henriette, je te l'ai dit: la rébellion est commencée. Nous n'avons plus qu'à essayer de vain-cre. En tout cas, si nous sommes vaincus ce sera la mort pour tous ceux qui, comme Armontgorry et moi, seront pris les armes à la main.

— Mais comment tout cela s'est-il fait?

— Oh! fit Jérôme en hochant la tête, il était à prévoir que cela se ferait un jour ou l'autre... la rébellion est dans l'air depuis longtemps. Je n'ai jamais partagé les opinions violentes des agitateurs. Je crains davantage le joug américain que la tutelle anglaise. J'ai des sympathies anglaises, je l'avoue et même, Henriette...

Il hésitait. La jeune fille le regardait.

— J'aime une Anglaise, tu le sais. J'avais ardemment rêvé de faire de Lilian Colborne, ma femme...

— Alors, pourquoi te bats-tu avec nous? dit Henriette avec âpreté.

— Pourquoi! Pourquoi!

Et il fit un geste comme pour balayer une question inutile.

— Parce qu'il s'agit de mes frères... On devient rebelle quand les siens sont en cause. Armontgorry et moi nous acceptons le combat pour la défense des nôtres. Et sois sûre que nous saurons soutenir cette guerre jusqu'à la fin, quelle qu'elle soit.

Il se tut et considéra le dormeur sur le sofa.

— Qui se serait douté ce matin qu'il serait rebelle ce soir? Mais cela a été trop rapide. Ce fut comme un accident. Nous marchions, lui et moi, rue Saint-Jacques, en parlant en anglais...

— Anglais? fit Henriette, pourquoi anglais?

— Parce qu'il le parle très bien et moi très mal et que je veux l'apprendre. Donc, nous étions rue Saint-

Jacques lorsqu'une troupe de gens déboucha d'une petite rue. D'abord, nous ne sûmes pas très bien qui ils étaient. Mais j'eus tôt fait de reconnaître des *Fils de la Liberté* dans ces jeunes gens vêtus de paletots d'étoffe du pays et qui criaient des injures à l'adresse des *bureaucrates*. Je reconnus même plusieurs d'entre eux. Ils nous interpellèrent, Armontgorry et moi. Quelques-uns nous invitèrent à nous joindre à eux. L'uniforme d'Armontgorry lui attira quelques quolibets. Bien décidés à ne pas répondre, nous allions rebrousser chemin lorsqu'une nouvelle troupe de gens nous barra la route. Le *Doric Club*, qui est composé, comme tu le sais, de la faction anglaise la plus bureaucrate, venait en sens inverse. Nous étions coincés entre le *Doric Club* et les *Fils de la Liberté*, entre les *bureaucrates* et les *Canadiens*. Nous pouvions choisir entre les deux partis. Mais quand les coups ont commencé, nous avons cogné avec les *Canadiens* sur les *bureaucrates*.

«La bagarre a été terrible. Il y a eu des têtes fendues et des bras cassés. Des deux côtés de la rue, les gens ouvraient les fenêtres. J'ai entendu des cris. Il y eut des coups de feu. À quel moment la troupe a-t-elle pris part à la mêlée? Je ne sais. Mais quand j'ai vu les *habits rouges* et que, de loin, j'ai reconnu le lieutenant Fenwick qui commandait ses hommes, j'ai attrapé Armontgorry par le bras et nous avons fui.

«Je ne savais trop où me diriger. Je me disais que l'on ne nous avait peut-être pas reconnus. Mais au moment des arrestations, je savais bien qu'il se trouverait toujours quelqu'un pour jurer que nous étions avec les *patriotes* et que nous avions pris part à l'échauffourée. Et puis l'état de nos vêtements témoignait contre nous.

«Je regardai autour de nous. Nous étions rue Saint-Vincent. Cette rue était aussi calme que si rien ne s'était passé quelques pas plus loin. Je reconnus la maison de maître Cormier en face de moi. Sans hésiter, j'y frappai.

«Le notaire travaillait paisiblement. Tu comprends son émotion quand il nous vit dans cet état. Je le mis au courant. Il nous serra les mains à tous deux avec émotion. Je te dirai qu'il parut enchanté de nous voir mêlés à cette affaire et, comme il dit, du bon côté. Il nous persuada de demeurer chez lui jusqu'à la nuit pendant qu'il irait aux informations. Quand il revint au bout de deux heures, sa figure était grave. «Mes enfants, nous dit-il, ça y est, c'est l'insurrection.» Il nous dit que la maison de Papineau venait d'être pillée et que celui-ci était en fuite, que le gouvernement faisait arrêter les suspects. Le notaire avait vu Brown qui se sauvait de Montréal. Brown lui avait dit que Colborne connaissait la part que nous avions prise à la bataille et que...

— Mais, comment Brown savait-il que le général Colborne était déjà au courant de tout cela? interrompit Henriette vivement.

— Ma foi, je l'ignore. En tout cas, monsieur Cormier nous pressa de fuir. Il prêta un vieux *capot d'habitant* à Armontgorry malgré une scène que fit Cotineau.

— Cotineau!

— Oui, il était furieux. Il nous accusa d'abord de compromettre son maître et quand monsieur Cormier voulut donner ce vieux vêtement à Armontgorry pour cacher son uniforme, Cotineau prétendit que ce *capot* lui appartenait et que c'était le compromettre que de le donner à un rebelle. Nous l'avons envoyé promener, lui et ses scrupules. Bref, à la nuit tombée nous avons passé le fleuve. La ville était gardée militairement. Dans les rues, il a fallu éviter les rondes et sur la grève, les sentinelles. Enfin un homme dévoué à M. Cormier nous a traversés. À Longueuil, je suis allé chez un habitant pour lequel j'avais un mot du notaire Cormier. Il nous a conduits en voiture de Longueuil à ici. Le voyage a été long parce que notre homme tenait à s'arrêter dans les villages et aux fermes pour annoncer les événements de Montréal.

À ce moment, le ronflement du dormeur sur le sofa s'éteignit. Armontgorry ouvrit les yeux et se mit debout. Avec ses doigts il arrangea ses cheveux en se regardant dans une glace.

— Jérôme, dit-il, il est temps de nous mettre en route. Je crois imprudent de demeurer ici plus longtemps.

Emporté par la force de l'habitude, le jeune homme avait prononcé ces mots de son accent le plus londonien.

7

LE LIEUTENANT FENWICK

Les jours qui suivirent furent pour Henriette pleins d'énervement. Sans nouvelles précises de Montréal, elle en était réduite aux conjectures sur les événements qui se préparaient. Que faisaient Papineau et Nelson? Elle savait par Jérôme qui le tenait lui-même de Cormier que le signal de l'insurrection partirait de la vallée du Richelieu. C'est là-bas, vers Saint-Denis, que se concentraient les forces insurgentes. De là jaillirait l'étincelle qui devait embraser tout le pays. Chénier y répondrait dans les Deux-Montagnes et le mouvement gagnerait tout le Bas-Canada. Quand les forces anglaises viendraient tenter la répression, elles se trouveraient en face d'un pays en rébellion organisée et les choses se passeraient comme pendant la guerre de l'Indépendance américaine. L'âme de la jeune fille était soulevée d'enthousiasme à cette idée.

Autour du manoir de Saint-Mathias, le pays était tranquille. La proximité de Chambly rendait les gens prudents. Cependant, on s'agitait dans les fermes et plus d'un habitant regardait rêveusement son fusil de chasse accroché au-dessus de la cheminée. Le vieux sang canadien s'échauffait. Les races militaires ont pour la bataille un goût secret et les Canadiens ont tous des soldats pour ancêtres.

Henriette observait cet état d'esprit. Elle se disait que tout ce monde se lèverait au premier signal et elle ne doutait plus du succès. Les *patriotes* vaincraient les *bureaucrates*.

Une seule chose la préoccupait: cacher les événements à son père et surtout que Jérôme y était mêlé et de quelle façon. Elle savait que le vieux gentilhomme considérerait l'acte de son fils comme une trahison et que cela lui causerait une douleur terrible. Les Canadiens français du caractère de M. de Thavenet n'admettaient pas la légitimité de l'insurrection.

Chaque jour la jeune fille faisait seller son cheval et allait faire de longues promenades. À Chambly, elle observa d'aussi près que possible les casernes. Un jour, elle vit un régiment faire l'exercice près du vieux fort. Un officier se tenait à quelque distance des soldats. Il cria un ordre. La voix parvint aux oreilles d'Henriette. Elle trassaillit et fit cabrer son cheval d'un brusque mouvement. Elle venait de reconnaître le lieutenant Fenwick.

En rentrant ce soir-là à Saint-Mathias, Henriette de Thavenet se laissa porter par son cheval sans lui imprimer de direction. Sa pensée était distraite. Elle ne s'éveilla de sa rêverie qu'à l'arrêt soudain de la bête. Alors la jeune fille leva les yeux. Le manoir était devant elle au bout d'une allée. La forme du grand toit se dessinait vaguement dans la nuit tombante. Le portique blanc faisait une tache pâle dans la longue façade sombre. Une raie de lumière filtrait à travers les rideaux du salon.

Henriette crut voir quelque chose remuer dans un fourré à sa gauche. Le cheval s'était arrêté après un écart. Une amazone moins habile eût été démontée du coup. Mais elle s'était retenue en selle d'un mouvement de reins. Elle calma la bête de la main.

— Allons, Jess, allons!

Tout en parlant à son cheval, la jeune fille cherchait à discerner ce qui avait pu l'effrayer, mais elle ne vit rien. Un vent mouillé de pluie remuait la tête des arbres au-dessus d'elle.

En passant devant les fenêtres du salon, elle entendit un murmure de conversation. On semblait discuter. Elle reconnut la voix de son père qui dominait d'autres voix.

— Il y a quelqu'un à la maison? demanda mademoiselle de Thavenet au vieux domestique à qui elle remit son cheval.

— Mais oui, Mademoiselle, M. le curé Loutre qui est arrivé tantôt avec M. le notaire Cormier... Le petit gars est arrivé de Saint-Denis, Mademoiselle... Il mange en ce moment à la cuisine, si Mademoiselle veut passer lui parler. Il a vu M. Jérôme, il a fait vos commissions.

— Bon, j'irai lui parler.

Au moment où Henriette quittait l'écurie, elle entendit un bruit de pas nombreux sur la route. La jeune fille s'avança dans l'allée. À travers la nuit tombante elle entrevit une troupe d'hommes. Des fusils brillèrent. Quatre chevaux traînaient une chose noire, longue et luisante, montée sur deux roues, qui ressemblait à un cercueil et qui était un canon. Deux officiers à cheval suivaient le régiment en marche. Henriette les vit disparaître. Alors elle revint sur ses pas et pénétra dans la cuisine du manoir.

Un jeune garçon était attablé devant le poêle et mangeait. La vieille cuisinière, un vieux valet de chambre et une petite bonne l'entouraient et écoutaient un récit qu'il était en train de leur faire. À l'entrée d'Henriette tous se levèrent. Le jeune homme s'approcha et lui parla pendant quelques secondes. Elle l'écouta avec attention. Quand il eut fini, elle l'amena près d'une fenêtre qu'elle ouvrit.

— Écoutez, dit-elle.

Ils s'approchèrent et tendirent l'oreille. Leurs yeux cherchaient à percer la nuit. Le bruit de la troupe en marche leur parvint. Ils se regardèrent avec effroi.

— Les *habits rouges* marchent sur Saint-Denis, dit mademoiselle de Thavenet. J'ai vu un régiment passer tantôt sur le chemin du roi. Il faut que les nôtres soient avertis.

— J'y retourne, Mademoiselle, dit le jeune homme.

— Non, c'est moi qui irai à Saint-Denis. Je connais les routes aussi bien et je passerai plus facilement que toi. Moi, ils ne m'arrêteront pas. Je suis connue des officiers qui commandent ces habits rouges-là... Va dire à Justin de donner à manger à Jess et de me la tenir prête.

Et, ramassant sa longue jupe amazone dans son poing, elle se dirigea vers le salon.

M. de Thavenet était allongé dans son grand fauteuil. Une couverture avait glissé de ses genoux et traînait sur le tapis. Un livre gisait à ses pieds. Le vieillard gesticulait et parlait avec violence. Assis devant la cheminée, l'abbé Loutre tisonnait d'un air préoccupé. Le notaire Cormier arpentait la pièce à grandes enjambées. Les trois hommes semblaient sortir d'une discussion pénible. L'entrée d'Henriette les fit sursauter.

— Ah! c'est toi, dit M. de Thavenet, d'où sors-tu? Vraiment, est-ce la peine que j'aie des enfants pour vivre seul avec mes domestiques! Mon fils habite plus souvent Montréal que ma maison et ma fille court le guilledou sur les grands chemins!

Henriette et Cormier échangèrent un regard. Elle comprit qu'il n'avait rien dit de Jérôme.

— Sais-tu, continuait M. de Thavenet, ce que Cormier est venu m'apprendre? Que nous sommes en rébellion contre Sa Majesté le roi, et que nous aurons bientôt une république de la façon de M. Papineau. Eh bien, ma fille, le premier de ces républicains-là qui osera passer mon seuil, je lui tire mon fusil dans les jambes. Qu'en dites-vous, curé?

— Oh! moi, fit le prêtre, je me contente de prier Dieu que notre malheur ne soit pas trop grand. Et je songe à tous ceux qui auront la témérité de s'engager dans cette folie.

— Folie! cria M. de Thavenet, avec colère et en se levant péniblement, vous dites folie, l'abbé! C'est un crime, vous dis-je. Quant à moi, je ne veux plus entendre parler de ces sornettes et je vais me coucher. Bonsoir.

Et le vieillard quitta le salon en frappant violemment le parquet de sa canne.

— Nous étions tranquilles, dit l'abbé Loutre pensivement et comme se parlant à lui-même, la religion était respectée. Qu'arrivera-t-il maintenant? Si les *patriotes* réussissent ce coup de force ainsi que vous le croyez, Monsieur Cormier, qu'adviendra-t-il? Papineau et beaucoup de ses partisans n'ont guère de religion. D'ailleurs, ils seront battus par les forces du gouvernement et alors les protestants s'autoriseront de la rébellion pour persécuter le catholicisme. On accusera peut-être les prêtres de n'avoir pas empêché les paysans de se soulever. Et que sais-je encore...

Et le prêtre tisonna en branlant la tête. Le notaire cessa d'arpenter le salon.

— J'étais venu, dit-il à Henriette, pour annoncer à Thavenet les événements. Il m'avait paru préférable qu'il apprenne cela de ma bouche. Mais il m'a si mal reçu que je n'ai pu lui en dire que le commencement.

Le notaire hésita un instant, considéra l'abbé Loutre qui ruminait des idées pessimistes devant le feu et, se rapprochant d'Henriette, il ajouta à demi-voix:

— Et puis, il fallait que je vous voie, Henriette... C'est pourquoi j'ai tenu à passer par Saint-Mathias.

— Passer par Saint-Mathias, dit Henriette, mais où allez-vous donc? Est-ce que...?

— Oui, je vais là-bas. Papineau et Nelson y sont. J'ai des choses importantes à leur dire. D'ailleurs, si je n'avais quitté Montréal, j'aurais été infailliblement arrêté. Car on a maintenant rejeté le masque des deux côtés et, si nous, nous sommes ouvertement des rebelles, eux font tous les jours des arrestations.

— Mais, la route n'est plus libre pour Saint-Denis, dit Henriette.

— Que dites-vous?

— Que la route est barrée par un régiment commandé par le colonel Wetherall et le lieutenant Fenwick. On a su que Saint-Denis est plein de *patriotes*, que Nelson et Papineau y sont et...

— Il faut pourtant que j'arrive à Saint-Denis, Henriette. Comment faire?

— Moi aussi, dit la jeune fille, il faut que j'arrive à

Saint-Denis avant eux. Nous allons partir immédiatement. Mon cheval est prêt. Le vôtre doit être reposé. Je
l'ai vu tantôt à l'écurie.

Et la jeune fille disparut suivie par le notaire.

L'abbé Loutre, le cœur plein d'inquiétude, quitta le
manoir derrière eux. Quand il fut sur le perron, il aperçut
Henriette qui partait à cheval. Maître Cormier montait
dans son cabriolet. Le prêtre entendit le pas des chevaux
se perdre dans l'ombre, sous les arbres.

— Henriette, croyez-vous réellement que nous
puissions arriver à Saint-Denis avant eux?

La jeune fille qui faisait marcher son cheval sur le
bord de la route, laissant le milieu à la voiture, se rap-
procha.

— Je le crois Monsieur Cormier. Il n'est pas douteux
que le colonel Wetherall et le lieutenant Fenwick feront
bivouaquer leurs hommes entre Chambly et Saint-Denis.
Ils sont partis cette nuit afin de camper en route et d'être
demain devant Saint-Denis. Leur plan est, sans doute,
d'attaquer ce village, entre midi et deux heures, demain...

À ce moment, le cheval d'Henriette fit un écart et
celui du notaire s'arrêta court. Au milieu de la route,
quelque chose venait de surgir. Cela était sorti des buis-
sons. La jeune fille se pencha sur le col de sa monture et
tâcha de distinguer ce qui se passait. Elle vit un homme
debout qui semblait les attendre et qui, en tout cas, ne
cherchait nullement à dissimuler sa présence.

— Qui est là? dit maître Cormier en descendant de voiture.

Faisant cabrer son cheval, Henriette, d'un saut, fut sur l'homme.

— Allons parlez, dit le notaire qui tâta ses pistolets sous son manteau.

— Monsieur Cormier, dit l'homme, et vous Mademoiselle de Thavenet, ne vous fâchez pas si je vous ai suivis.

Cette voix au timbre désagréable! Henriette reconnut Cotineau. D'ailleurs, maintenant, elle distinguait sa figure.

— Cotineau! s'écria Cormier, que fais-tu ici? Tu n'es donc pas demeuré à la maison comme je te l'ai ordonné?

— Oui, demeurer à la maison, dit l'autre de sa voix maussade. Avec ça que c'est commode. Elle est pleine de policiers, la maison, à l'heure qu'il est et qui fouillent partout, qui vident les tiroirs et les armoires; ils la mettent sens dessus dessous la maison. Si j'y étais resté, je serais en prison maintenant. Je me suis sauvé par les derrières quand je les ai vus arriver. Vous le savez, Monsieur Cormier; je ne veux pas avoir affaire à la police, moi.

— Eh bien, si tu crois que c'est habile d'être venu me rejoindre, mon garçon! fit le notaire.

— Où voulez-vous que j'aille, maître Cormier? dit Cotineau d'un air furieux. Je n'ai pas le choix. D'ailleurs vous êtes mon maître et c'est mon devoir de vous suivre. Mais si j'ai un conseil à vous donner, c'est de revenir à Montréal et de rentrer dans votre maison.

— Hein! fit le notaire.

— Oui, continua impertubablement le domestique, vous pourriez expliquer facilement votre absence à la police et dégager votre responsabilité.

— Ah ça, Cotineau, tu deviens fou, je pense.

— Oh! je sens bien que vous ne voudrez pas. Il y a des gens qui vous donnent de mauvais conseils, ajouta Cotineau, en coulant un regard vers Henriette.Vous l'aurez voulu, Monsieur Cormier, vous finirez en prison avec M. Papineau et les autres...

— Écoute, Cotineau, en voilà assez, et je n'ai que faire d'écouter tes jérémiades. Tu vas reprendre la route de Montréal et je te défends de me suivre...

— Oh! pour ça non, je ne vous quitte pas. Je suis votre domestique et ma place est à côté de vous. Même si vous allez à Saint-Denis rejoindre les *patriotes*.

Le notaire regarda Henriette. Elle frappait sa botte de sa cravache avec impatience.

— Il faut terminer cette conversation, dit-elle, nous n'avons déjà que trop perdu de temps.

— Mais comment sait-il que les *patriotes* sont à Saint-Denis? lui dit le notaire à l'oreille.

— Ma foi, vous devriez le lui demander, répondit la jeune fille à haute voix.

— Comment je connais ce détail, fit Cotineau qui avait l'oreille fine, eh! c'est que j'ai vu et entendu des choses que vous ignorez tous. Mais je ne vous dirai pas cela ici. Je vais monter à côté de vous, monsieur Cormier, et je vous dirai cela à Saint-Denis... Surtout si nous rencontrons là certaine personne.

— Que veux-tu dire? s'écria le notaire, en saisissant Cotineau aux épaules.

— Montons en voiture, Monsieur le notaire, Mademoiselle l'a dit, nous perdons du temps. J'ai vu passer un régiment tantôt. Il faudra le contourner pour atteindre le village où sont les *patriotes*.

— Mais parle donc...

— Ce serait inutile maintenant, vous ne voudriez pas me croire... et puis, je ne suis pas sûr.

Et Cotineau, écartant Cormier sans façon, monta dans le cabriolet et se blottit sur le siège.

— Oh! tête de pioche! jura le notaire.

— Écoutez, Monsieur Cormier, dit Henriette, amenons-le avec nous puisqu'il y tient tant que ça.

Et se penchant vers le notaire, elle ajouta:

— Il vaut mieux l'avoir avec nous, au fond, nous pourrons le surveiller.

— Mais, que croyez-vous donc, Henriette?

— Je ne sais trop. Cet homme me trouble. Je me demande si c'est un traître ou un chien de garde, dit la jeune fille. En tout cas, partons.

Quelques minutes après, Henriette trottait sur le bord de la route à côté du cabriolet où Cotineau s'était endormi.

Le chemin du roi qui vient de Chambly et dessert les paroisses du Richelieu, s'arrondit à Saint-Hilaire et contourne la montagne. Cette route traverse une des douces régions du Canada. Les villages se succèdent, reliés entre eux par des fermes qui s'échelonnent à intervalles presque réguliers. Sur les pentes de la montagne, les jardins et les vergers descendent jusqu'à la rivière. Parfois, la longue façade et les grands toits d'un manoir indiquent les anciennes seigneuries fondées jadis en Nouvelle-France par Colbert.

Les manoirs du Canada ne ressemblaient guère aux châteaux de France et d'Angleterre. Leur principal caractère était la grande simplicité de leur architecture. À peine plus magnifiques que la maison d'un riche fermier, ces demeures seigneuriales exprimaient le calme et la paix de la vie coloniale. Celui de Saint-Hilaire qui appartenait à M. de Rouville, ne laissait pas, cependant, d'être assez somptueux: bâti à la fin du XVIIIe siècle, de style anglais, il mirait dans le Richelieu l'ensemble imposant de ses hautes cheminées de brique, et de ses grands toits d'ardoise. Le parc qui l'entourait, les jardins, les communs faisaient de ce domaine l'un des plus beaux du pays. M. de Rouville, d'ailleurs, passait pour être l'un des plus riches seigneurs canadiens. Il donnait des fêtes magnifiques et l'on menait au manoir de Saint-Hilaire une vie à la fois élégante et somptueuse.

Il y a de Saint-Mathias à Saint-Hilaire cinq ou six milles, que le cabriolet du notaire Cormier et le cheval d'Henriette de Thavenet mirent une heure et demie à parcourir. Quand les voyageurs furent en vue du manoir de M. de Rouville, il était dix heures. La nuit était profonde. Il pleuvait. Le notaire et Henriette qui n'avaient pas échangé une parole pendant cette course, étaient livrés à leurs pensées et Cotineau dormait.

Henriette, qui devançait un peu le cabriolet, fut tirée de sa songerie par une lueur au bout de la route. On eût dit qu'un grand feu était allumé dans le parc de M. de Rouville. Le rideau des arbres cachait le foyer de cet incendie, mais on pouvait distinguer le reflet au-dessus des cimes. Au même instant, le notaire, qui venait d'apercevoir cette flamme, arrêta sa voiture.

— Henriette, voyez donc!

— Oui, je le vois, on fait flamber des troncs d'arbres chez les Rouville.

— Mais que veut dire ceci?

— Cela veut probablement dire, Monsieur Cormier, que les Anglais bivouaquent à Saint-Hilaire cette nuit. Car, je ne vois pas très bien pourquoi ni pour qui M. de Rouville brûlerait ses arbres... Écoutez, je vais de l'avant observer ce qui se passe. Si les soldats sont établis dans le parc, la route n'est peut-être pas libre, alors...

— Que ferons-nous?

— Il faudra aviser, attendez-moi.

Et la jeune fille donna de l'éperon à son cheval qui partit comme un trait. Mais au bout de quelques minutes elle fit ralentir Jess, l'arrêta tout à coup et sauta à bas. La route, à cet endroit, passait devant le manoir de M. de Rouville. Le parc s'interrompait brusquement. Une avenue conduisait du grand chemin au château.

Les fenêtres au rez-de-chaussée étaient éclairées. Devant les écuries, une troupe d'hommes entourait un grand feu. Les soldats se détachaient en noir sur le foyer. On entendait le crépitement des branches sèches.

Henriette, tenant la bride de son cheval passée dans son poignet, avança de quelques pas. La lueur du bivouac éclairait jusqu'à la base de la montagne. La jeune fille vit deux charrettes renversées qui barraient la largeur de la route et, au beau milieu, le canon allongeait son cou noir et luisant entre les deux roues. Une sentinelle marchait mélancoliquement d'un fossé à l'autre.

Mademoiselle de Thavenet revint sur ses pas. Elle eut bientôt rejoint le cabriolet que le notaire avait fait avancer à petits pas prudents.

— Eh bien, cria maître Cormier.

— La route est barrée, dit Henriette avec calme. Je le pensais bien.

— Alors, Henriette, ne pouvons-nous contourner la

route par le parc à gauche ou par le versant de la montagne à droite?

— Vous le pourriez à pied et moi en tirant Jess par la bride, mais jamais nous ne ferons avancer votre voiture dans ces fourrés...

— Eh bien, dit maître Cormier, détellons mon cheval; je le tirerai par la bride moi aussi et nous contournerons la route... il me paraît plus prudent d'agir ainsi: le parc pourrait nous réserver de mauvaises rencontres. J'abandonnerai mon vieux cabriolet sur le chemin. J'en serai quitte pour me rendre à Saint-Denis à poil sur ma bête...

— Écoutez, dit la jeune fille qui réfléchissait profondément, il y a un moyen de passer votre cabriolet... car je ne vous vois guère, Monsieur Cormier, ajouta-t-elle, faisant de l'équitation jusqu'à Saint-Denis. Nous courrions le risque de rester en route.

— Le fait est, dit le notaire avec inquiétude, que je ne suis pas grand cavalier et que j'aurais le derrière emporté au bout de deux heures du trot un peu dur, je pense, de mon cheval... Mais, puisque la route est barrée, Henriette?

— Eh bien, j'ai en tête une idée qui pourrait réussir et, si elle ne réussit pas, il sera toujours temps d'abandonner votre voiture. Vous allez, Cotineau et vous, vous glisser dans ces massifs d'arbres et de broussailles, à droite du chemin, et vous ferez passer Jess qui est docile et intelligente. Vos pas seront étouffés par le tapis de feuilles mortes et d'aiguilles de pin qui couvrent la terre. En tout cas, passez au large du chemin pour que la sentinelle ne vous entende pas. Et allez m'attendre devant l'église de Saint-Hilaire.

— Mais vous, Henriette?

— Moi je passerai tranquillement sur la route, dans votre cabriolet, Monsieur Cormier.

— Mais, le canon, les charrettes, la sentinelle?

— J'espère, dit mademoiselle de Thavenet en riant, que l'on rangera un peu le canon, qu'on relèvera les charrettes et que la sentinelle me présentera les armes.

— Et si rien de cela ne s'accomplit... Je ne comprends pas ce que vous allez faire.

— Écoutez, je n'ai pas le temps de vous expliquer... Mais si j'échoue, je reviendrai sur mes pas... Car tout ce que l'on pourrait faire serait de m'empêcher de passer, n'est-ce pas? Alors, je détellerai votre cheval et j'irai vous rejoindre, par les bois, au rendez-vous. Nous n'aurons perdu qu'une heure après tout et nous aurons encore bien de l'avance sur les *habits rouges*. Mais, j'ai dans la tête de sauver votre voiture et puis...

La jeune fille s'arrêta et fixa le fond de la voiture où Cotineau semblait toujours dormir profondément.

— Je veux me rendre compte de certaines choses au manoir de Rouville, dit-elle, et voir de près... le colonel Wetherall qui s'y trouve en ce moment.

Maître Cormier et Cotineau traversèrent le fossé et s'engouffrèrent sous les arbres. L'ombre les déroba aussitôt et le sol feutré étouffa leurs pas et les sabots du cheval. Certaine qu'on ne pouvait ni les voir ni les entendre de la route, Henriette monta en voiture, rassembla les rênes et partit à son tour.

Lorsqu'elle arriva en plein dans la lumière projetée par le bivouac, la sentinelle, apercevant cette voiture, se plaçait déjà au milieu du chemin en croisant la baïonnette. Mais le cabriolet tourna court et s'engagea dans l'avenue qui conduisait au manoir de Rouville.

Le bruit que fit la voiture en tournant dans l'allée et en s'arrêtant devant la porte attira quelqu'un à la fenêtre du rez-de-chaussée. Henriette reconnut la jolie tête de l'une des filles de M. de Rouville. La jeune personne dut s'exclamer en reconnaissant mademoiselle de Thavenet car, quand celle-ci entra dans le salon du château, M. de Rouville s'avançait déjà pour la recevoir.

— Comment, c'est vous, Henriette, dit-il, quel bon vent vous amène à Saint-Hilaire ce soir?

— Oh! dit la jeune fille gaiement, vous recevez de moi une visite un peu forcée, Monsieur de Rouville. À vrai dire, si je n'avais rencontré sur la route, juste devant votre porte, un canon assez inattendu et une sentinelle, je serais passée devant le manoir sans m'y arrêter.

Tout en parlant, elle embrassait Mme de Rouville assise au coin du feu et les trois jeunes filles qui l'entouraient. Après ces effusions, mademoiselle de Thavenet se tourna vers deux hommes qui s'étaient levés à son entrée et leur tendit la main. Le colonel Wetherall secoua vigoureusement cette main dans sa patte sèche et le lieutenant Fenwick salua cérémonieusement.

— Le manoir de Saint-Hilaire reçoit ce soir, Henriette, comme vous voyez, des hôtes inattendus, dit le vieux gentilhomme.

— En effet, et je ne pensais guère trouver ici ces messieurs... Mais c'est à vous, lieutenant, qu'appartient ce canon qui garde si militairement le grand chemin?

— Mademoiselle, je serais désolé, répondit le jeune officier, si notre canon vous avait effrayée. Mais, que voulez-vous, le colonel et moi nous marchons sur les rebelles...

— Oui, Henriette, dit tristement M. de Rouville, nous sommes en guerre, paraît-il. M. Papineau a réussi à soulever les campagnes contre le gouvernement. Et les *patriotes*, comme on dit maintenant, se sont réunis à Saint-Denis. C'est pour les réduire que le colonel Wetherall marche sur ce village dont ils ont fait leur repaire.

— Oh! Oh! colonel, et avec un canon! mais c'est donc une armée de rebelles que vous combattrez à Saint-Denis?

— Une armée, non pas, Mademoiselle, répondit le vieux soldat, mais une poignée d'hommes mal organisés et qui n'ont même pas tous des fusils.

— Alors, pourquoi ce canon?

— Pour en finir avec eux, dit le lieutenant Fenwick. Le général Colborne n'entend pas s'éterniser dans une guerre de partisans. Il s'agit pour nous d'être vainqueurs dès les premières échauffourées, sinon nous pourrions être...

— Vaincus dans les dernières batailles, acheva doucement Henriette.

— En effet, Mademoiselle, dit Fenwick en la regardant fixement.

Il y eut un moment de gêne dans le salon. M. de Rouville fit claquer sa tabatière et se bourra le nez de poudre fine, les jeunes filles penchèrent leurs jolies têtes sur les ouvrages de dentelle et madame de Rouville, pour se donner une contenance, fit servir du thé et des gâteaux.

— D'ailleurs, dit le colonel Wetherall avec insouciance, en se prélassant dans une bergère, nous en aurons vite fini avec ces jeunes turbulents.

M. de Rouville se moucha.

— En tout cas, dit-il, nous voilà tous deux dans de bien mauvais draps. Il est fort désagréable d'être pris entre nos compatriotes et le gouvernement de Sa Majesté la reine d'Angleterre. Depuis Mgr Lartigue jusqu'au plus humble habitant du Bas-Canada, on nous somme des deux côtés de prendre parti. C'est bien ennuyeux pour les gens paisibles et qui aiment leur tranquillité. J'en ai écrit mon sentiment à mon ami lord Gosford qui est lui-même aussi ennuyé que nous de la tournure des événements.

— Et moi, dit Henriette en se levant et en posant sur un guéridon sa tasse de thé, je ne suis pas moins ennuyée que vous, Monsieur de Rouville.

— Comment cela?

— Oh! dit-elle en riant, mes ennuis sont d'une autre nature que ceux de l'évêque de Montréal et du gouverneur du Canada, mais il n'en est pas moins énervant d'échouer aussi près du but... J'allais au village de Saint-Hilaire, chez ma couturière, et voilà que je suis arrêtée devant chez vous par rien moins qu'un canon, une sentinelle, un colonel, un lieutenant, bref, une armée entière.

— Tiens, dit une des petites Rouville en levant le nez, tu fais donc travailler Mlle Lemercier, maintenant, Henriette?

— Mais oui, dit mademoiselle de Thavenet, figure-toi, Charlotte, que Mlle Lemercier me répare ma robe bleue...

— Celle qui a des ruches?

— Celle qui a des ruches, dit Henriette. D'ailleurs elle n'aura plus de ruches, puisque Mlle Lemercier les remplace par des rubans plats. Ce sera très joli et j'aurais voulu l'avoir pour le prochain bal du gouverneur, mais...

— Mademoiselle de Thavenet, dit le colonel Wetherall, qu'à cela ne tienne. Le lieutenant Fenwick accompagnera votre voiture jusqu'à la route et donnera l'ordre à la sentinelle de vous laisser passer. Ainsi, vous pourrez aller chez mademoiselle Lemercier. Lord Gosford ne me pardonnerait pas de vous avoir fait manquer votre rendez-vous avec la couturière, ajouta-t-il en souriant.

— Que vous êtes aimable, colonel, et que je vous remercie... mais j'y pense... pour rentrer à Saint-Mathias il me faudra repasser devant la sentinelle. Car, je suppose que vous demeurez toute la nuit ici, avec votre régiment?

— Oui, Mademoiselle, M. de Rouville veut bien nous donner l'hospitalité au lieutenant et à moi, et à nos soldats, celle de ses hangars et de ses écuries... Nous partons demain matin vers cinq heures.

— Demain matin à cinq heures, dit Henriette... Mais alors, j'avais raison, il me faudra repasser devant votre sentinelle qui sera peut-être changée d'ici deux heures.

— C'est vrai, fit le vieux soldat perplexe.

— Et pourtant, fit la jeune file avec ennui, il faut que j'aille chez Mlle Lemercier... Songez donc, il faut que je voie comment cela ira, ces rubans plats. Mais, fit-elle tout à coup comme sous une inspiration, que je suis bête! Il y a un moyen très simple, colonel, de me tirer d'embarras.

— Lequel, Mademoiselle, je suis à vos ordres.

— Voulez-vous que je vous accompagne chez votre couturière et vous ramène ici, dit Fenwick.

La jeune fille se mit à rire.

— Non, par exemple, Mlle Lemercier mourrait de peur en me voyant venir chez elle gardée par un officier anglais. Et tous les gens du village sauraient que je me promène la nuit avec un soldat de Sa Majesté. On est habitué, dans la région, à me voir seule sur les routes à cheval et en voiture. Mais, songez donc aux cancans si on me voyait à dix heures du soir avec un jeune homme... Non, ce que je voulais est à la fois plus simple et plus... comment dirais-je? plus comme il faut.

— Et c'est? demanda Fenwick.

— C'est de me donner un laissez-passer.

— Mais oui, dit le colonel Wetherall, c'est tout simple. Je me demande pourquoi je n'y ai pas pensé. Vous êtes une jeune personne très pratique, Mademoiselle de Thavenet.

— En effet, dit Fenwick qui regardait toujours Henriette.

Sous le regard droit et franc du jeune homme, elle se sentit rougir et se mordit les lèvres.

«Il m'agace ce garçon, se dit-elle. Est-ce qu'il me devine?»

Le jeune Anglais s'inclina.

— Et nous, colonel, dit M. de Rouville en attirant à lui une petite table volante, nous allons jouer aux échecs si vous le voulez bien... Quant à vous, lieutenant, vous trouverez sur cette table là-bas, tout ce qu'il faut pour rédiger le passeport de mademoiselle de Thavenet.

Henriette et Fenwick s'approchèrent d'une grande table où reposaient un encrier et des plumes. Le jeune officier avait tiré de la poche intérieure de son uniforme un paquet de formules imprimées.

— Ce sont des laissez-passer que vous avez là, lieutenant, dit Henriette négligemment.

— Oui, des laissez-passer en blanc.

— Vous avez de quoi en distribuer à tous les *patriotes*.

— Eh bien, je vais commencer par vous, dit le jeune homme en s'asseyant derrière la table.

Il écrivit quelques lignes rapides sur le haut de la feuille, leva la tête et regarda Henriette attentivement. Il semblait détailler avec amour chacun de ses traits. De nouveau, ce regard troubla la jeune fille. Elle le soutint cependant avec une sorte de hauteur et dit d'un ton sec:

— Pourquoi me regardez-vous ainsi, lieutenant?

— Parce que je dois donner votre signalement sur cette feuille, Mademoiselle. Voyez, j'ai déjà écrit ceci: Henriette de Thavenet, âgée de dix-neuf ans...

— Vous savez donc mon âge?

— Oui, par Lilian Colborne, dit Fenwick d'un air distrait. Yeux noirs, ajouta-t-il à demi-voix tout en écrivant sur la feuille, cheveux noirs, bouche...

Il leva les yeux, considéra les lèvres d'Henriette et écrivit un mot sur le papier.

— Signe particulier?

— Aucun, fit Henriette en se levant.

— Adorée par le lieutenant Fenwick, dit le jeune homme presque à voix basse.

Elle se retourna si brusquement que la chaise derrière elle manqua de tomber à la renverse. De l'autre côté de la table, le jeune officier se tenait très droit, mais un peu tremblant de sa témérité. Ses yeux bleus semblaient implorer mademoiselle de Thavenet.

— Vous avez une façon toute militaire de faire vos déclarations, Monsieur le lieutenant, dit la jeune fille avec colère. On aurait pu vous entendre.

Le lieutenant Fenwick jeta un regard sur le salon. Mme de Rouville tricotait paisiblement au coin de la cheminée. Deux des jeunes filles travaillaient à côté de leur mère et la troisième jouait avec un jeune chien en se roulant avec lui sur le tapis. Quant au colonel et son hôte, ils étaient absorbés dans la stratégie de leur jeu. Une atmosphère de calme régnait dans cette grande pièce confortable et bien chauffée.

— Voyez, dit Fenwick, ne dirait-on pas que nous faisons partie de la même famille et que nous passons une agréable soirée chez des parents de province. Il me faut faire un effort pour me rappeler que cette maison est entourée de soldats, qu'il y a un canon à quelques pas d'ici, des ennemis...

— Colonel, dit Henriette sans répondre à Fenwick

et en s'avançant vers la table d'échecs, mon laissez-passer est prêt, il n'y manque plus que votre signature.

— Monsieur le lieutenant Fenwick, dit mademoiselle de Thavenet en refermant la porte du vestibule derrière elle, il est inutile que vous me suiviez maintenant que j'ai un passeport en règle.

Et, descendant les deux marches du perron, Henriette détachait le cheval et s'apprêtait à monter dans le cabriolet. Le jeune Anglais lui saisit le bras.

— Henriette, dit-il, en mettant à prononcer ce nom une sorte de douceur, ne soyez pas furieuse contre moi. J'ai eu tort de vous avouer mon amour avec tant de brusquerie et si peu d'apprêt. Mais, que voulez-vous! J'avais tant pensé à vous ces derniers temps et ce soir en passant devant votre maison, et tantôt j'y rêvais dans ce salon où vous m'êtes apparue si soudainement... Si vous saviez, Henriette!

Elle le regarda.

— Alors, vous m'aimez?

— Dès la première rencontre avec vous, Henriette, je vous ai aimée. Je me suis attaché à vous sans m'en rendre compte... C'est triste d'être seul dans un pays étanger!... Vous avez fait sur moi dès le début, tant d'impression... Les Anglais sont tellement sentimentaux, vous savez, ajouta-t-il, comme pour s'excuser.

Il lui avait pris la main qu'il embrassait en caressant la paume et le bout des doigts. Henriette considérait ce jeune homme qui se frottait à elle en se plaignant comme un enfant malheureux. Elle ressentit un vague désir maternel de lui prendre la tête dans ses mains, de le serrer dans ses bras. Une sorte de douceur la pénétra.

— Vous m'avez toujours fait peur, disait encore Fenwick, en la regardant avec un mélange de timidité et d'admiration.

Devant les écuries, le feu du bivouac crépita. La flamme montait et jetait une vive lueur jusqu'aux pentes de la montagne. Henriette aperçut le canon sur la route et la sentinelle à côté.

— Je n'ai jamais osé vous avouer ce que j'éprouvais, continuait le jeune officier, mais combien de fois j'ai rêvé que vous deveniez ma femme...

— Il y a tant de choses qui nous séparent, dit Henriette en fixant le bivouac et les silhouettes noires des soldats.

— Et lesquelles, Henriette? demanda Fenwick en ouvrant très large ses yeux bleus avec étonnement.

— Mais, dit-elle avec brutalité, quand il n'y aurait que ces hommes que vous commandez et qui iront demain se battre contre ceux de ma race.

— Je ne pense pas, dit le jeune homme avec gravité, que vous considériez Papineau, Nelson et leurs partisans autrement que comme une bande de révoltés quasi excommuniés par l'évêque de Montréal. Je fais mon devoir et j'obéis à des ordres en marchant contre Saint-Denis...

Sous son chapeau, Henriette arrangeait ses cheveux; elle boutonna ses gants et, ramassant sa jupe, elle monta dans le cabriolet.

— Lieutenant, veuillez ordonner à la sentinelle de laisser passer la voiture... et faites ranger un peu cet objet... ce canon qui obstrue la route. Il est tard et je ne me suis que trop attardée ici... Mlle Lemercier qui m'attend, me croira tombée dans une embuscade...

Deux heures après le départ de mademoiselle de Thavenet, le lieutenant Fenwick revint sur la route où il avait vu disparaître les lanternes du cabriolet. La sentinelle faisait sa promenade éternelle d'un fossé à l'autre. Près des écuries, le feu de bivouac était à moitié éteint. La nuit était calme.

— La voiture qui est passée ce soir à dix heures est-elle repassée? demanda l'officier.

— Non, mon lieutenant. D'ailleurs, il n'est passé ce soir que deux voitures: la première conduite par un homme qui avait un passeport en règle...

— Signé par qui?

— Signé par le général Colborne. Et la seconde, conduite par une femme munie d'un passeport du colonel Wetherall. Ni l'une ni l'autre voiture n'ont encore reparu.

— Et toutes deux allaient vers?...

— Vers Saint-Denis.

Devant l'église de Saint-Hilaire, Henriette avait

retrouvé le notaire Cormier qui l'attendait avec Cotineau. Jess broutait l'herbe mouillée au bord du chemin. Quand le cabriolet parut, le notaire s'avança sous les arbres.

— Enfin, c'est vous Henriette! Le temps m'a paru interminable. Comment avez-vous fait pour passer?

— Je vous dirai cela en route, dit la jeune fille en descendant de voiture. Maintenant, ne perdons pas de temps; les *habits rouges* partent ce matin à cinq heures. J'ai des renseignements à donner à nos gens là-bas. Nous aurons le temps de prendre des dispositions pour repousser M. le colonel Wetherall et M. le lieutenant Fenwick. Nous pourrons galoper et aller de bon train, ajouta-t-elle en se mettant en selle, car je ne vois pas que les routes soient encombrées ce soir.

— Il y a cependant une voiture qui nous précède et qui est passée tantôt... j'ai même cru que c'était vous quand...

— Une voiture! allant vers Saint-Denis?

— Oui.

— Et venant de?

— De Saint-Mathias, de Chambly, de Montréal... Je ne sais.

— Mais comment cette voiture a-t-elle réussi à passer devant le manoir de Rouville sans être arrêtée par la sentinelle? s'écria Henriette. Par qui donc était-elle occupée?

— Je ne sais, dit le notaire.

Cotineau fit entendre une sorte de ricanement.

— Que dis-tu? demanda le notaire en se retounant vers lui.

— Je ne dis rien, dit l'autre en se renfonçant sur son siège, où il sembla bientôt s'assoupir.

TROISIÈME PARTIE

SOUS LA LOI MARTIALE

8

NELSON

Les chevaux trottèrent toute la nuit sous une petite pluie fine et pénétrante. Le chemin boueux devenait glissant. Entre les arbres, la rivière luisait soudain et rentrait brusquement dans l'ombre. De distance en distance des maisons de ferme se dressaient tout à coup à un tournant de route, au bout d'un champ. Parfois, une lumière brillait derrière un carreau. Au fond d'une cour, un chien aboya furieusement.

Le cheval de mademoiselle de Thavenet et le cabriolet du notaire Cormier traversèrent un village endormi. Les maisons basses, à longs toits, s'alignaient sur les deux côtés du chemin. On entrevoyait la silhouette vague de l'église. Les pas de chevaux sonnèrent plus fermes sur un sol de cailloux.

Vers quatre heures du matin, la lune, levée derrière les nuages, décela un paysage laiteux aux formes indécises.

Des bandes de brouillard s'accrochèrent à la cime des arbres. La rivière parut blafarde. La pluie avait cessé. Dans le lointain, le village de Saint-Denis se dessina.

À ce moment, Henriette aperçut une voiture à quelques arpents. Les lanternes projetaient deux points lumineux sur la route. Un tournant lui en déroba brusquement la vue. Alors, la jeune fille cingla sa bête d'un grand coup de cravache et partit à fond de train. L'eau des flaques giclait sous les sabots du cheval.

Les premières maisons de Saint-Denis se présentèrent. Toutes les fenêtres étaient éclairées. Dans la rue, des gens se tenaient par groupes. La petite place devant l'église était pleine d'une foule remuante. Le cheval d'Henriette dut ralentir. On s'écartait pour le laisser passer. La jeune fille vit, au bout de la rue, la voiture qu'elle suivait s'arrêter devant une grande maison de bois.

Le cabriolet du notaire entrait à son tour dans Saint-Denis. Cormier se pencha hors de la capote.

— Où est Papineau, cria-t-il?

Un jeune homme en *capot* d'étoffe grise s'approcha de la voiture et reconnut le notaire.

— Au magasin de Joseph Bastien, dit-il.

Henriette descendit de cheval. Elle l'attacha à un pieu devant le perron de l'église. Cotineau fit de même pour le cheval de maître Cormier. Les deux bêtes tendirent le col. Un frisson de fatigue parcourut leurs croupes fumantes. Leurs dents raclèrent l'écorce des arbres.

— Où peut-on se procurer de l'avoine et un peu de foin? demanda mademoiselle de Thavenet.

Un vieil *habitant* enleva sa pipe, cracha et essuyant ses favoris du revers de la main, répondit d'un air de méchante humeur:

— Vous n'en trouverez nulle part à Saint-Denis. Il y a deux jours que le village nourrit Papineau et six cents *patriotes*. Il ne reste plus rien.

— Mais, dit Henriette en riant, Papineau et les *patriotes* ne mangent ni du foin ni de l'avoine, je pense. Je trouverai bien une botte de quelque chose à mettre sous la dent de mes chevaux.

Têtu, le vieux paysan la regarda avec malveillance.

— Quand je vous dis qu'il n'y a plus rien, répéta-t-il.

Suivie de maître Cormier et de Cotineau, Henriette traversa les groupes. Elle entendit des lambeaux de conversation. On faisait des conjectures sur la marche des *habits rouges*. Quelques homme tenaient des fusils. Presque tous étaient revêtus du *capot* national d'étoffe grise.

Le magasin de Joseph Bastien servait de quartier général à Papineau et à Nelson. Derrière le comptoir, le patron du lieu, un gros homme roux, vendait du tabac aux *patriotes*. Un poêle chauffait la grande pièce encombrée de barriques et de caisses de marchandises. Assis dans des fauteuils de bois autour du poêle, quelques hommes causaient à mi-voix. À travers la fumée des pipes, Henriette reconnut la figure lourde, les favoris poivre et sel de

Nelson et la tête longue et sèche de Papineau. Debout à côté d'eux, le gros Brown tendait ses mains rouges à la chaleur. Il avait encore sur le dos sa pelisse de fourrure. Pendant que maître Cormier s'avançait vers le groupe, Cotineau tira Henriette par la manche, et lui montrant Brown:

— C'est lui, dit-il, qui était dans la voiture en avant de nous.

Une exclamation avait jailli au fond de la boutique. Jérôme de Thavenet surgit derrière le poêle, en bousculant les gens assis autour. Il saisit sa sœur dans ses bras.

— Henriette! Toi ici! Que viens-tu faire?

— Donner quelques renseignements sur les *habits rouges*, dit la jeune fille... Mais je pense que M. Brown a dû vous dire déjà...

— Moi, Mademoiselle, dit le gros garçon en se frottant les mains au-dessus du poêle d'un air réjoui, je n'ai pas eu le temps. J'arrive. D'ailleurs, je viens tout droit de Montréal et je ne pourrais guère donner que...

— Des nouvelles du général Colborne, dit Henriette.

Brown la regarda, un peu interdit. Puis, il sourit.

— Et vous, Mademoiselle, du lieutenant Fenwick, peut-être?

— Précisément, répondit-elle, car je l'ai vu cette nuit à Saint-Hilaire où il bivouaquait dans le parc de M. de Rouville.

— Il bivouaquait! dit Nelson.

— Oui, avec son régiment que commande le colonel Wetherall. Ils ont un canon que M. Brown a dû voir certainement en passant sur la route.

— Un canon! s'écria Papineau. Êtes-vous sûre, mademoiselle, d'avoir aperçu un canon?

Elle haussa les épaules.

— Ils seront ici demain dans la journée, car ils doivent se mettre en route vers Saint-Denis...

La jeune fille tira sa montre.

— Dans trois heures, dit-elle.

Il y eut un moment d'émotion dans le magasin. Papineau s'était levé. Son menton disparut dans sa cravate à triple tour. La mèche de ses cheveux parut danser au-dessus de son front. Il se drapa dans sa redingote comme dans un manteau de théâtre et fit un geste d'orateur pour imposer le silence. Tous ceux qui étaient là se rapprochèrent.

— Moi, dit Henriette à son frère, je vais me coucher. Je tombe de fatigue. Conduis-moi au couvent où je demanderai un lit pour dormir quelques heures.

Écrasée de fatigue, la jeune fille dormit longtemps. Vers la fin de l'après-midi, elle s'éveilla au son d'une cloche. D'abord, elle crut rêver. Le son lent et grêle semblait se briser en frappant contre la vitre de la petite chambre où elle était couchée. Alors, elle s'habilla rapidement et descendit au réfectoire.

— Que se passe-t-il? ma Mère, demanda la jeune fille à une religieuse qui, assise dans un coin de la pièce, taillait des bandes de toile.

— Les *patriotes* sonnent le tocsin, répondit la religieuse en levant vers Henriette un beau visage serein.

— Les *habits rouges* sont-ils déjà signalés?

— Le combat est commencé depuis plusieurs heures, dit tranquillement la religieuse en déchirant une vieille nappe. Le colonel Gore attaque...

Henriette attacha machinalement les brides de son chapeau.

— Mais que faites-vous donc, ma Mère?

— Je prépare du linge, Mademoiselle, car on nous apportera des blessés ici. Nous les soignerons, qu'ils soient *patriotes* ou *habits rouges*.

Sur la place de l'église, Henriette fut surprise de ne voir personne. Là-haut, la cloche se balançait lugubrement dans le petit campanile de tuiles jaunes. Quelqu'un ferma les volets d'une maison. Une charrette passa dans la rue, tirée par un vieux cheval. Un paysan marchait devant la bête. Une femme et des enfants assis sur des chaises se cramponnaient aux montants du véhicule cahotant.

Les habitants de Saint-Denis avaient fui. Les rues désertes étaient bordées de maisons aux volets clos. Dès le matin, les gens avaient traversé la rivière en barque ou avaient gagné les paroisses voisines en voiture. Le village appartenait aux *patriotes*.

La jeune fille eut un moment d'hésitation. Elle se demandait de quel côté elle se dirigerait. La réalité lui sembla tout à coup fondre sur elle. La rébellion lui parut une chose terrible et héroïque. La liberté, la République canadienne! La réalité, c'était les *habits rouges*, le canon, le colonel Gore et, là-bas, à Montréal, le général Colborne...

Elle songea à Fenwick.

— Il m'aime, se dit-elle. Et cette pensée lui fit éprouver une étrange impression.

Un crépitement se fit entendre. Cela venait du haut du village. Henriette vit un peu de fumée blanche s'élever dans l'air. Au bout de la rue, un uniforme rouge se montra. Deux ou trois soldats traversèrent rapidement l'espace libre entre deux maisons. Derrière la jeune fille, un contrevent claqua.

— Henriette, ne restez pas là, sacrebleu, entrez!

Le notaire Cormier, d'une fenêtre, criait et gesticulait. Quelqu'un ouvrit la porte. D'un bond, la jeune fille gravit le perron et s'engouffra dans la maison.

Elle se trouva dans un corridor sombre où quelques hommes se tenaient les bras croisés, le dos au mur. Dans un salon où il faisait presque noir à cause des volets fermés, des gens étaient assis dans des fauteuils. Tous étaient silencieux. Le notaire Cormier vint prendre Henriette par la main et la conduisit dans cette pièce. Quand les yeux de la jeune fille se furent habitués à l'ombre, elle reconnut

Papineau qui regardait dans la rue à travers les fentes d'un volet.

— Henriette, dit Cormier à voix basse, je vous croyais partie à cheval par des routes de traverse. Vous n'auriez pas dû demeurer à Saint-Denis...

— Où sont mon frère et Armontgorry? demanda mademoiselle de Thavenet sans s'inquiéter de ce que disait le notaire.

— Là-bas, dans une grande maison de pierre où Nelson, avec tous les hommes qui ont des fusils, s'est retranché. Jérôme et Armontgorry sont bons tireurs; on leur a confié des armes.

— Vous n'avez donc pas de fusils pour tout le monde?

— Non, nous avons tout au plus deux cents fusils et nous sommes au moins six cents *patriotes*...

Une détonation sourde ébranla la maison et fut suivie du crépitement des fusils.

— Le canon, fit quelqu'un.

Henriette s'approcha d'une fenêtre et entrouvrit légèrement le volet. La rue déserte apparut. Les maisons fermées avaient l'aspect funèbre. Dans un petit jardin séparé de la rue par une légère clôture de bois, des poules picoraient. Le pâle soleil de novembre faisait luire les tuiles d'un vieux hangar.

Dans la maison, un profond silence régnait. Les hommes, debout ou assis, tendaient l'oreille. Chaque détonation donnait un frémissement d'impatience aux plus jeunes. Leur inaction les énervait.

La jeune fille quitta la fenêtre et traversa le salon. Ses yeux, habitués à l'ombre de la chambre maintenant, percevaient chaque objet et chaque figure. Sur la cheminée, une pendule sous verre indiquait quatre heures. Les meubles d'acajou avaient des reflets brusques. Au mur, dans un cadre ovale, une gravure représentait naïvement la vie du débauché et celle de l'homme vertueux. Henriette s'approcha pour considérer cette image. La série des petits sujets entourait un premier communiant à la Sainte-Table, au bas de la gravure se lisaient un nom et une date; elle déchiffra: Joseph Saint-Jacques, souvenir de première communion, 20 mai 1835. Au-dessus de cette pieuse estampe, le portrait du feu roi d'Angleterre, Guillaume IV*, offrait une figure conventionnelle et haute en couleur entre les baguettes dorées d'un cadre. Engoncée dans un col dur et brodé d'uniforme, la tête royale souriait banalement sur le papier commun d'imagerie à un sou.

— Si, au moins, nous avions tous des fusils! dit un jeune homme avec impatience. Cela me dégoûte, moi, d'être à ne rien faire pendant que les nôtres se font tuer là-bas par les *habits rouges*.

---

* C'est dans l'été de 1837 que le roi d'Angleterre Guillaume IV mourut et que la reine Victoria lui succéda.

Dans le corridor, il y eut un mouvement. Des pas rapides firent craquer les lames du parquet. Nelson apparut dans la porte du salon. Tous l'entourèrent en lui posant des questions anxieuses. Mais il se dégagea et courut à Papineau qui s'était retourné vivement.

— Il faut vous en aller d'ici.

— M'en aller, dit Papineau comme sortant d'un rêve, m'en aller Nelson! Mais, que voulez-vous dire?

— Écoutez, Papineau, dit Nelson presque brutalement, l'heure n'est pas aux discours, les faits seuls comptent en ce moment. La bataille est bien engagée. Nous tenons là-bas, mais je ne sais ce que cela durera. Il ne faut pas que l'âme de la rébellion coure le risque d'être prisonnière, et l'âme de la rébellion, c'est vous, Papineau, dit le gros homme avec emphase. Quelle démoralisation pour le peuple si vous étiez prisonnier à la première bataille! Fuyez, vous dis-je.

— Mais, comment fuir?

— Venez, dit Nelson, ne prenant l'orateur par le bras, j'en ai préparé pour vous le moyen.

Les deux hommes disparurent. Il y eut un instant de stupeur dans la maison. On se regardait sans comprendre. La fusillade crépita au bout de la rue. On entendit des cris. Depuis quelques minutes, le canon ne tonnait plus. Un homme arriva en courant. Il agitait les bras en hurlant quelque chose. Henriette reconnut son frère. Elle ouvrit toute grande la fenêtre et se pencha au dehors.

— Que se passe-t-il?

— Les *habits rouges!* cria le jeune homme sans même la reconnaître.

— Eh bien!

— Repoussés. Ils sont en retraite, nous avons leur canon.

De toutes parts, les *patriotes* sortaient des maisons où ils attendaient impatiemment d'aller prendre leur tour de combat. Le manque de fusils avait immobilisé leur courage. Leur détente nerveuse creva en longs cris de joie. Henriette, qui était sortie dans la rue, se sentit poussée et bousculée. Tout le monde allait vers la maison de pierre qui avait été la forteresse où Nelson et ses hommes venaient de repousser le colonel Gore.

Une odeur de poudre flottait dans l'air. Henriette respirait cela en frémissant. Elle vit passer les premiers blessés que l'on commençait à sortir de la maison du combat, et que l'on transportait au couvent et au presbytère. Dans un couvre-pieds dont quatre hommes tenaient les coins en marchant avec précaution, un corps agonisait. Les jambes pendantes raclaient le sol. Une tête pâle apparut, deux yeux révulsés, une poitrine nue où se collaient des linges brunis par le sang. Un homme passa, la tête enveloppée de rouge. Du sang lui coulait derrière l'oreille et maculait ses épaules goutte à goutte.

Quand elle arriva à la maison, presque tous les patriotes y étaient réunis. On félicitait Nelson de sa stratégie. Tête nue, très calme, il serrait des mains sans mot dire.

Henriette parcourut les chambres. Elle regardait avec une sorte de curiosité la trace des balles sur les murs. Les meubles brisés et renversés donnaient un aspect lamentable à ces pièces dévastées. Dans une chambre du premier étage, elle rencontra Armontgorry.

Il était assis près d'une fenêtre et regardait au dehors. Ses vêtements étaient salis. Il avait les mains noires de poudre. À côté de lui, son fusil était appuyé sur l'allège de la fenêtre.

Henriette lui toucha l'épaule. Il se retourna et la reconnut. Étendant la main vers la campagne, il lui montra le régiment anglais en retraite qui disparaissait au loin.

— Il y a quelques semaines, dit-il, je portais cet uniforme.

Et, désignant un officier qui marchait à l'arrière-garde, monté sur un grand cheval noir:

— Le lieutenant Fenwick... Je l'ai aperçu souvent au cours de la bataille. C'est un bon soldat. Il sort de Woolwich, comme moi. Un jour, il deviendra peut-être général.

9

COTINEAU

Les *patriotes* victorieux avaient décidé de quitter Saint-Denis et d'aller occuper Saint-Charles. Ce mouvement les rapprochait de Montréal. Personne ne doutait plus que cette ville ne se soulevât bientôt. Papineau l'avait promis. Il y travaillait sans doute à cette heure. Chénier devait avoir pris les armes dans les Deux-Montagnes. Les troupes régulières, occupées sur plusieurs points, faibliraient bientôt. La victoire de Saint-Charles déciderait bien des gens à se ranger avec les insurgés. Jamais la République canadienne n'avait paru si proche.

Mais l'on manquait de fusils et de munitions. Brown, cependant, avait juré aux *patriotes* qu'ils en trouveraient à Saint-Charles. Et puis, les habitants de Saint-Denis, à cause de leurs maisons saccagées, commençaient à protester contre l'insurrection. Les fermiers craignaient que, en cas de défaite des *patriotes*, les troupes de la reine n'usent plus tard de représailles sur la population. On était inquiet aussi de l'attitude des deux évêques et de la majorité des curés qui étaient ouvertement contre les rebelles.

Mgr Lartigue avait fait lire son mandement à tous les prônes des paroisses. On commençait à dire un peu partout que Papineau n'avait pas de religion, et cela effrayait l'âme profondément catholique de plus d'un patriote de se voir en contradiction avec l'évêque et partisan d'un homme qui n'allait pas à la messe.

Malgré les instances de son frère et du notaire Cormier, Henriette avait accompagné les *patriotes* à Saint-Charles. La jeune fille avait offert ses services comme infirmière. Elle voulait assister à l'écrasement des troupes anglaises. On venait d'apprendre que Wetherall s'était joint à Gore avec un corps de troupe et que les deux colonnes réunies attaqueraient bientôt les *patriotes*. Sans doute, le lieutenant Fenwick assisterait à cette bataille et Henriette voulait être témoin de sa nouvelle défaite.

L'exaltation de la jeune fille s'était rallumée comme au temps où elle allait écouter les orateurs politiques. Depuis deux jours, elle vivait dans la fièvre. Au couvent de Saint-Denis, elle avait aidé les Sœurs à soigner les blessés. Ses mains tremblaient en défaisant les linges humides de sang. Elle appliquait des compresses et attachait des appareils.

Quand elle arriva à Saint-Charles, les cloches de

l'église sonnaient lugubrement. Comme deux jours auparavant le tocsin annonçait aux campagnes que les *patriotes*
allaient combattre les troupes de Sa Majesté la reine
Victoria.

Henriette poussa son cheval vers la place de l'église.
La première personne qu'elle y rencontra fut Cotineau. Il
avait l'air furieux.

— Monsieur le notaire, dit-il sans même saluer la
jeune fille, a trouvé opportun d'aller se poster au bout du
village, dans la maison Debartzch où les *patriotes* défen-
dent l'entrée de Saint-Charles aux troupes du gouvernement. Et, savez-vous, Mademoiselle, qui commande à
cet endroit?

— Mais non, j'arrive de Saint-Denis où j'ai soigné
les blessés. Je ne sais rien de ce qui s'est passé ici.

— Eh bien, c'est Brown.

Mademoiselle de Thavenet, dans les heures fiévreu-
ses qu'elle venait de vivre, avait oublié Brown. Le souvenir de la voiture qui avait couru toute une nuit devant elle
lui revint. Elle sentit son inquiétude de nouveau. Au fait,
quel rôle jouait cet homme en tout ceci? Elle résolut de le
savoir.

— M. Brown est un homme d'action, dit-elle. De
plus, il est bon patriote, et...

— Voire, dit Cotineau.

— Écoutez, dites-moi enfin ce que vous savez de
Brown.

Cotineau regarda Henriette droit dans les yeux. Elle vit sa figure blême pâlir d'un rage sourde.

— Je ne sais rien de précis, dit-il enfin, mais j'ai des yeux et des oreilles. Je ne me suis pas laissé aveugler et assourdir par les discours des orateurs, moi. C'est Monseigneur l'évêque de Montréal qui a raison: il faut obéir à l'autorité établie, le gouvernement est respectable et il faut craindre les agitateurs comme des démons funestes. Tout ceci finira mal.

— Mais nous avons déjà eu la victoire, il y a deux jours, dit Henriette.

— En tout cas, dit Cotineau, je ne veux pas avoir affaire à la justice... Mais s'il arrive malheur à mon maître, malheur alors à ceux qui l'auront poussé dans cette aventure...

Henriette haussa les épaules et poussa son cheval. En passant devant l'église, elle vit un groupe d'habitants qui paraissaient se concerter. Ils la regardèrent sans bienveillance. L'un d'eux la désigna aux autres du menton. Un jeune homme qui portait un fusil sur l'épaule sortit d'une maison en courant. Henriette lui fit signe.

— Où sont les *patriotes*? demanda-t-elle.

— Nous sommes retranchés dans la maison de M. Debartzch, Mademoiselle. C'est solide et imprenable comme une forteresse. Les *habits rouges* auront du mal à nous déloger de là.

Elle lui montra le groupe devant l'église.

— Qu'est-ce qu'ils ont à grogner ces gens-là?

— Peuh! fit le jeune homme, ce sont des peureux. Ils redoutent Colborne et ils nous accusent déjà des malheurs qu'ils craignent. Car, vous savez le refrain de la chanson: *«C'est la faute à Papineau»*...

Dans une cour, Henriette aperçut le cabiolet du notaire Cormier. Comme à Saint-Denis, les gens quittaient le village à la hâte. Les maisons se fermaient. Au bout de la rue, une grande habitation semblait contenir toute la vie du pays; c'était la maison de M. Debartzch. Elle dressait sa masse solide de pierre. Elle parut à Henriette comme un poste avancé naturel. Des retranchements l'entouraient déjà. Les *patriotes* avaient formé des ouvrages d'arbres abattus derrière quoi ils canarderaient les régiments envoyés contre eux. Il y avait dans le choix de la position et dans l'organisation de la défense moins d'imprévu qu'à Saint-Denis. Déjà les forces insurgées s'organisaient. Encore une ou deux victoires et ces combats de chouannerie se termineraient en guerre d'indépendance.

Dans la maison Debartzch tout était en ordre, comme si les maîtres y étaient encore. Les *patriotes,* qui avaient des fusils, s'étaient postés aux fenêtre du premier étage. Au rez-de-chaussée, des hommes armés de fourches attendaient. Ils avaient l'air de paisibles paysans qui vont donner un bon coup de main pour rentrer une moisson avant l'orage. Le long des murs du salon, les fauteuils et les guéridons avaient été rangés comme pour leur éviter les mauvais coups. Dans la cuisine, sur les derrières, Mlle de Thavenet prépara des bandes de toile et fit ranger des matelas sur le carreau.

Elle entrevit Brown qui parcourait la maison du haut en bas. Il considérait tout avec une sorte d'intérêt. Son air réjoui occupait toujours sa figure. Il disait aux hommes armés de fourches:

— Vous comprenez, les troupes régulières ne sont pas habituées à l'attaque corps à corps. Pendant que nous tirons des fenêtres, vous surgirez sur les *habits rouges* et vous les embrocherez. Ils fuiront comme des lapins...

Henriette monta au premier étage. Dans une chambre, Armontgorry, Thavenet et le notaire Cormier se tenaient à une fenêtre. Tous trois avaient des fusils. Derrière eux, Cotineau se tenait prêt à leur passer des armes de rechange. Maître Cormier semblait enchanté de la tournure des événements. Tout en surveillant la route, il endoctrinait les deux jeunes gens.

— C'est maintenant, disait-il, une affaire de quelques semaines. Déjà Chénier a dû tirer les premiers coups de fusils dans les Deux-Montagnes. Les campagnes du Saint-Laurent sont certainement en rébellion à l'heure qu'il est. Montréal se soulèvera dès que les *patriotes* se réuniront dans les rues étroites de cette ville populeuse. Les *bureaucrates* seront balayés et la République...

— Voilà les habits rouges, dit Armontgorry d'un ton calme, en épaulant machinalement son fusil.

Henriette s'approcha de la fenêtre. La campagne s'étendait, plate et dénudée. Le vent glacé de novembre secouait les arbres épars sur la route. Les terres, séparées par la longue file des clôtures de perches entrelacées, étaient d'un noir rougeâtre. De loin en loin, des toits de ferme dressaient leurs cônes et semblaient, enfoncés dans les labours, des proues de navires sur une mer aux vagues longues et calmes. Dans un champ, un homme était occupé à écraser des mottes. Dans l'air froid, les sons grêles du tocsin passèrent.

La jeune fille suivit de l'œil le geste du fusil qu'Armontgorry braquait sur un point de la route. L'éclatement des uniformes rouges se ramassait en cette portion du paysage comme une explosion soudaine. La campagne grise en recevait une sorte d'aspect tragique. C'était comme la virtualité du combat qui s'avançait par cette route calme, entre les terres fraîchement labourées.

En quelques minutes, le régiment fut devant le premier retranchement d'arbres abattus. Les premiers coups de feu partirent. Quelques *habits rouges* tombèrent. Henriette entendit la voix du colonel Gore qui criait un ordre. Et, tout à coup, la maison fut cernée par les soldats qui s'étaient jetés en avant, comme des gouttes de sang giclent d'une blessure.

De toutes les fenêtres de la maison Debartzch, des coups de feu partirent. Des volutes de fumée blanche montèrent dans l'air calme. Un bruit sourd fut comme lancé de loin et un boulet vint s'enfoncer dans la muraille, entre deux fenêtres. La maison tout entière reçut un choc et parut ébranlée sur sa base. On entendit à l'étage au-dessous un bruit de choses cassées. Dans le jardin, un homme râlait, la face collée à une flaque de sang que le sol gelé ne buvait pas.

Réfugiée dans un coin de la chambre, Henriette regardait le combat. Une volupté étrange lui faisait battre le cœur. Elle eût voulu saisir un fusil et tirer elle aussi. Des souvenirs héroïques la hantèrent.

Cependant, par les fenêtres, les trois hommes tiraient méthodiquement, ne perdant pas une balle. Cotineau ne pouvait suffire à recharger les fusils. Alors Henriette vint l'aider. Et elle se mit fébrilement à pousser la bourre avec la baguette au fond du canon des fusils.

— Ces fusils-là, dit Cotineau, ce sont les mêmes peut-être qu'en 1813...

Le vrombissement du canon déchira l'air. Un éclatement fut suivi d'un grand bruit de choses brisées au rez-de-chaussée de la maison.

— Oui, continuait Cotineau, en 1813, j'étais très jeune. N'empêche que je me suis enrôlé dans les Voltigeurs, et que j'ai défendu les frontières du Canada contre les Américains. Dans ce temps-là, on ne se battait pas comme rebelles de Sa Majesté...

Henriette leva la tête et alla tendre un fusil à son frère. Sur le mur, une glace reflétait la cour derrière la maison. De ce côté, tout était calme. La jeune fille, par un geste instinctif, se regarda dans ce miroir. Elle y vit passer un homme qui semblait fuir avec précaution. Il ouvrait la porte de la petite cour où nul ne pouvait l'apercevoir sans le hasard d'une glace. Henriette reconnut Brown.

Elle se retourna brusquement et courut à la fenêtre que le miroir avait reflétée. Brown s'en allait tranquillement. Les *patriotes* occupés sur les autres faces de la maison n'avaient pu le voir. Alors, mademoiselle de Thavenet épaula le fusil qu'elle tenait toujours et fit feu. Frappé entre les deux épaules, Brown chancela. D'un violent effort, il réussit cependant à ouvrir la porte de la cour et disparut.

— Soyez tranquille, mademoiselle, dit une voix, il n'ira pas loin. Vous tirez bien.

Et Cotineau, derrière Henriette, riait.

Une grêle de balles s'abattit dans la chambre avec un bruit mat de choses aplaties. Des objets se brisèrent sur la cheminée comme touchés par un écrasement subit. La glace, au mur, s'étoila soudain de cassures dont pas une ne tomba. Armontgorry et Thavenet s'étaient brusquement rejetés, le dos au mur protecteur.

Le notaire Cormier chancelait. Il fit quelques pas dans la pièce en se tenant les mains appliquées sur la figure et, brusquement, tomba de tout son long. Cotineau se précipita. Un trou rond défigurait la face de son maître. Du sang coulait à filets minces et s'étalait sur le parquet de la chambre.

— Ils l'ont tué! cria Cotineau avec stupeur en prenant à deux mains la tête mourante de Cormier.

À l'étage au-dessous, une voix nasillarde chantait. Au milieu des coups de fusil, le refrain ironique de la chanson populaire monta:

C'est la faute à Papineau!

Cotineau sauta sur ses pieds. De grosses larmes coulaient sur ses joues. Il fit deux ou trois fois le tour de la chambre et, revenant soudain près d'une fenêtre, il saisit le fusil échappé des mains du notaire Cormier et l'épaula.

Armontgorry et Thavenet s'étaient remis à tirer. Une sorte d'exaltation les tenait à ces fenêtres. En bas, la bataille devenait terrible. Les *patriotes* défendaient héroïquement la maison Debartzch. Peu à peu, les *habits rouges* rapprochaient leur lent assaut. C'était comme un enserrement calme et infaillible.

Mademoiselle de Thavenet chercha l'abri d'un mur. De sa place elle voyait le jardin en bas. Les soldats commençaient à sauter par-dessus le rempart fragile d'arbres abattus. Les défenseurs de ces retranchements s'étaient repliés vers la maison. Au rez-de-chaussée d'ailleurs, le feu des *patriotes* devenait moins nombreux. Leur résistance faiblissait. Beaucoup étaient tués ou blessés.

Un officier parut sur les troncs d'arbres renversés. Il cria un ordre. Des têtes de soldats surgirent. Il y eut dans le jardin comme une volée d'uniformes écarlates. Une salve partit du rez-de-chaussée et de toutes les fenêtres du premier étage. Le sol fut jonché de cadavres. Mais déjà les premiers soldats atteignaient la maison. Il y eut des corps à corps.

Intrépidement, l'officier demeurait debout sur le retranchement. Il commandait ses hommes de la voix et du geste. Henriette se pencha. Elle vit que cet officier était le lieutenant Fenwick.

Il venait de la reconnaître lui aussi, car il tenait ses yeux fixés sur la fenêtre avec une sorte de stupeur. Alors Cotineau braqua sur lui le canon de son fusil et fit feu. Henriette s'était précipitée. Mais son geste s'arrêta et sa voix fut étouffée par l'horreur. Le jeune officier, atteint en pleine poitrine, s'était abattu sur le gazon humide, dans le jardin de la maison Debartzch.

10

LE COLONEL WETHERALL

Au-dessus du village de Saint-Charles, la fumée des incendies montait en tourbillonnant. Des maisons brûlaient. Le toit de l'une d'elles s'écroula. Des patrouilles d'*habits rouges* parcouraient les rues. Les soldats entraient dans les maisons et arrêtaient les *patriotes* qui s'y tenaient cachés. Il y eut des combats isolés. Parfois un cri déchirait l'air.

À la maison Debartzch, les blessés avaient été transportés sur les matelas étendus à la file dans la cuisine. Des *habits rouges* agonisaient côte à côte avec des *patriotes*.

Sous un hangar, les *patriotes* prisonniers attendaient. Jérôme et Armontgorry, les vêtements en désordre, les mains et la figure noires de poudre, étaient parmi eux. Quand elle regardait à la fenêtre de la cuisine, Henriette apercevait leurs figures pâles et fatiguées. Près d'eux Cotineau se tenait debout, les mâchoires serrées dans une colère figée.

— Mademoiselle de Thavenet!

— C'est moi, dit Henriette.

— Veuillez me suivre.

Sans mot dire, la jeune fille termina le pansement commencé, reposa doucement la tête du blessé sur le matelas et, se levant, elle suivit le militaire. Elle se sentait la tête vide et les jambes tremblantes. Elle marchait d'un pas mal assuré. Le soldat ouvrit une porte et s'effaça pour la laisser passer.

Elle se trouva dans un salon où tout le décor du combat se dressait encore. Les meubles brisés, les rideaux déchirés, les traces de balles, des traînées de sang caillé sur le parquet attestaient les terribles événements qui s'étaient succédé entre ces murs. On avait seulement enlevé les cadavres et transporté ailleurs les blessés.

Dans un coin de la pièce, des soldats se tenaient au port d'armes. Derrière une table poussée près d'une fenêtre, deux officiers étaient assis. Devant eux un encrier, des plumes et des papiers étaient posés. Henriette reconnut les colonels Gore et Wetherall.

En voyant entrer mademoiselle de Thavenet, Wetherall se leva, la salua cérémonieusement et lui dit avec précipitation:

— Vos services comme infirmière ne sont plus requis, Mademoiselle. Votre cheval vous attend sur la route.

Veuillez quitter Saint-Charles immédiatement et retourner chez vous. Deux hommes vous accompagneront jusqu'à Saint-Mathias.

Tout en parlant, le colonel regardait fixement Henriette. Elle crut percevoir dans ses yeux un vague signe. Le vieux soldat semblait lui donner l'ordre muet de ne rien répondre, de ne prononcer aucune parole compromettante.

— Vous avez sans doute sur vous votre laissez-passer signé de moi?

La jeune fille prit le papier dans la poche de son manteau et le tendit. Le colonel s'en saisit vivement, le déplia et le passa à Gore.

Celui-ci y jeta les yeux, fit signe que tout était en règle et, se levant, il salua la jeune fille comme pour lui donner congé. Le colonel la reconduisit jusqu'à la porte de la maison. Deux soldats attendaient sur le seuil.

— Conservez votre laissez-passer, dit Wetherall en lui glissant le papier dans la main.

Henriette se retourna.

— Mon frère Jérôme et...

Mais le colonel avait déjà disparu et la porte de la maison s'était refermée sur lui.

En traversant le jardin, la jeune fille vit des cadavres étendus, raides et la face levée vers le ciel. Les *habits rouges* fraternisaient dans la mort avec les *capots* gris des *patriotes.* De loin, elle crut reconnaître une figure, les traits de quelqu'un...

Son cheval attendait sur la route, tenu par un militaire. Elle se mit en selle et partit. Les deux soldats avaient sauté sur leurs chevaux. Se retournant légèrement, la jeune fille les vit qui trottaient à quelque distance, derrière elle. C'est ainsi qu'elle refit ce voyage sur les routes du Richelieu, suivie par deux soldats de Sa Majesté britannique.

Quand elle arriva en vue du manoir de Saint-Mathias, à la nuit tombée, quelques flocons de neige commençaient à tourbillonner. Ils se posaient délicatement sur le sol noir et blanchissaient peu à peu la route. À mesure que la neige s'épaississait, la nuit s'éclairait d'une lumière qui sortait du sol et montait vers le ciel. Au fond de l'avenue, les grands toits déjà blancs du manoir se dessinèrent. Henriette s'engagea dans la grande allée bordée d'arbres qui secouèrent sur elle la neige de leurs branches. Les deux soldats sur la route s'étaient arrêtés devant la barrière. Quand mademoiselle de Thavenet eut sauté à bas de son cheval qu'elle conduisit à l'écurie, elle entendit les deux habits rouges qui s'éloignaient, se dirigeant vers Chambly.

Les domestiques du manoir accueillirent Henriette avec des visages où l'inquiétude et la joie se partageaient. Elle leur serra la main et, sans rien dire, se dirigea vers le salon.

Les bûches flambaient dans la cheminée. Près d'un guéridon, le fauteuil vide, les livres et les couvertures attendaient M. de Thavenet. Henriette leva les yeux vers l'horloge; elle marquait onze heures.

Elle s'assit près du feu. Sa pensée errait derrière elle sur le passé récent et qui semblait déjà prendre un recul étrange. Et il semblait que son esprit fût en retard sur les heures et qu'il restait attaché à celles qu'elle venait de vivre. Elle se toucha le front comme pour se forcer à réconcilier dans le présent son corps et son cerveau.

Elle commença à défaire son manteau. Ce geste fit tomber sur le tapis, à ses pieds, un papier. Elle le ramassa. C'était le laissez-passer signé par le colonel Wetherall et rédigé par le lieutenant Fenwick. Machinalement, Henriette relut son signalement. La rubrique «signes particuliers» était demeurée en blanc.

11

LORD GOSFORD

L'hiver canadien prend toute son ampleur au mois de janvier. C'est alors l'époque des tempêtes de neige suivies de grands froids. L'air devient sec et cassant. Les journées resplendissent sous le soleil dans une allégresse de lumière. Il y a mille gaîtés qui naissent de ce climat blanc de janvier. Il semble que les mœurs des Canadiens empruntent alors quelque chose à la joie des grelots, à la somptuosité des fourrures, au glissement rapide des traîneaux sur les routes gelées.

Lord Gosford, assis dans son traîneau tiré par deux chevaux, respirait avec mélancolie cette beauté de l'hiver canadien. Les rues de Montréal étaient de longs couloirs blancs. Les façades des maisons semblaient receler tout un confort intérieur de poêles ronflants, de tapis épais, et cette odeur particulière des crêpes et des beignets de Noël.

Lord Gosford aimait cette civilisation où les mœurs françaises se mêlaient aux habitudes anglaises. Il avait plus d'un ami dans ces demeures tièdes et hospitalières. Que de soirées délicieuses il avait passées chez ces Canadiens français dont il goûtait la politesse raffinée et la culture! Il soupira en songeant à son prochain départ. N'avait-il pas tout fait pour empêcher la rébellion? Il avait dû user de diplomatie pour calmer les *patriotes* et pour atténuer l'oppression des *bureaucrates*. Sa politique avait été vaincue par les événements. Il en ressentait un profond chagrin.

Le général Colborne, surtout, lui était odieux. N'était-ce pas lui qui avait provoqué ces regrettables choses! Lord Gosford n'aimait pas ce militaire froid et sans pitié. Un peuple comme les Canadiens ne pouvait être gouverné avec des régiments. Sans doute, ils étaient vaincus. Des villages brûlaient sur le Saint-Laurent, sur le Richelieu, dans les Deux-Montagnes. Plusieurs centaines d'hommes avaient été massacrés. Les principaux meneurs étaient en prison ou en fuite. Mais cela était-il un bien beau résultat? Il était mauvais que le canon eût tonné sur un point de l'empire britannique et que des sujets de la reine eussent été tués par les troupes anglaises. Lord Gosford porterait toute sa vie le regret que cela se fût passé sous son administration. Mais le général Colborne, qui avait eu un rôle si funeste en tout ceci, ne devrait pas, au moins, en tirer bénéfice.

Le traîneau s'était arrêté. Le gouverneur en descendit. Il foula la neige avec plaisir. Il aimait tout de ce pays et particulièrement cette mollesse de la neige dans laquelle on enfonce et qui étouffe les pas doucement. En montant le perron qui donnait accès à la maison habitée par le général Colborne, le gouverneur se disait, non sans une secrète satisfaction, que ce soldat hautain ne tirerait peut-être pas de la rébellion tout l'avancement qu'il avait escompté.

Quand le gouverneur fut annoncé chez le général Colborne, celui-ci se précipita pour le recevoir. Ce n'était pas sans plaisir que le général voyait lord Gosford. Ce noble seigneur représentait pour le vieux soldat la diplomatie civile vaincue par l'autorité militaire. Ce n'étaient pas de roueries et de politesses dont on avait eu besoin contre les rebelles à Saint-Denis et à Saint-Charles. Il avait fallu des soldats commandés par Gore et par Wetherall. Et à Saint-Eustache, dans les Deux-Montagnes, n'avait-il pas fallu qu'il se portât lui-même contre Chénier! Et, se disant cela, le général Colborne accueillait lord Gosford avec un air satisfait.

Dans le cabinet du général, lord Gosford avait pris place dans un grand fauteuil, devant le feu. Un sourire ironique errait sur sa figure bien rasée, entre les courts favoris blancs.

— Eh bien, général, dit-il, tout me paraît assez calme en ce moment. Vous pouvez vous reposer sur vos lauriers.

— Je me reposerai, milord, quand le Canada sera complètement pacifié. La rébellion n'est pas finie.

— Mais il me semble pourtant que depuis cette affaire de Saint-Eustache où vous avez remporté une victoire si définitive...

— La victoire ne sera définitive, lord Gosford, que lorsque les rebelles prisonniers auront été jugés.

— C'est justement à propos des prisonniers que je venais vous entretenir. Ne serait-il pas opportun d'user à leur égard de mansuétude et de modération? Ces commissions militaires que vous projetez me paraissent dangereuses. Un tribunal civil...

— Un tribunal civil n'a pas de compétence en temps de troubles. Quant à la modération...

— Mon dieu! général, vous me faites songer au duc d'Albe avec votre tribunal des troubles. Mais prenez garde; les Canadiens sont très braves, ils ont déjà goûté à la poudre, à Saint-Denis, ils ont eu la victoire... Il est vrai que, depuis, ils ont été vaincus. Mais enfin, il conviendrait d'user avec eux de douceur. D'ailleurs, plusieurs des chefs de la rébellion sont morts ou en fuite, tels Papineau et ce Chénier.

— Beaucoup des nôtres sont morts héroïquement aussi, dit sévèrement le général, tel ce jeune lieutenant Fenwick tué à Saint-Charles, précisément.

— Oui, j'ai beaucoup regretté ce jeune homme. Il avait une parfaite éducation et parlait assez bien le français. Vous savez, général, qu'il était un peu parent de lady Gosford... Mais, je voulais vous parler des prisonniers, de ceux qui ont été faits à Saint-Charles, précisément. J'ai reçu en leur faveur des lettres de recommandation de quelques-uns de mes amis.

Le gouverneur fouilla dans la poche intérieure de sa redingote et en tira quelques papiers qu'il consulta.

— M. de Rouville, entre autres, me recommande mademoiselle de Thavenet qui était à la maison Debartzch au moment de la prise de Saint-Charles par les troupes de Sa Majesté.

— Mademoiselle de Thavenet n'est pas prisonnière, dit le général.

— Non, mais elle est surveillée par votre police. Je regretterais, général, que cette jeune fille fût inquiétée.

— Elle ne le sera pas. Il a été pris en considération qu'elle se trouvait parmi les rebelles pour soigner les blessés. D'ailleurs, elle a fourni un laissez-passer en règle signé du colonel Wetherall. Elle a pu regagner le manoir de Saint-Mathias le soir même de la prise de Saint-Charles. Depuis, je ne l'ai fait surveiller discrètement que par acquit de conscience.

— Vous avez donc toujours des espions, dit lord Gosford.

Le général haussa les épaules sans répondre.

— Cependant le malheureux Brown... continua le gouverneur.

— Je ne connaissais pas cet homme qui a, d'ailleurs, été trouvé mort au milieu des rebelles.

— Oui, dit lord Gosford avec négligence, son cadavre était derrière la maison, paraît-il, à un endroit où aucun combat n'eut lieu.

— Eh bien! il faut supposer, lord Gosford, que ce fut un assassinat.

— Ou une exécution, général.

Il y eut un silence. Les deux hommes se regardaient fixement. L'ironie du gouverneur exaspérait Colborne qui tâchait de dissimuler ses sentiments sous un masque de froideur.

— Il y a encore, dit lord Gosford qui consultait ses papiers, le jeune Thavenet...

— Oh, celui-là n'est guère plus compromis que plusieurs centaines de rebelles comme lui. Il ne saurait encourir d'autre punition que la déportation et l'exil.

— J'aime à le croire, général. Enfin, M. de Rouville me parle de M. d'Armontgorry qui lui est parent et pour qui il...

— Oh! pour le lieutenant d'Armontgorry, lord Gosford, je ne puis vous donner aucun espoir. Il est officier de Sa Majesté la reine et il a pris les armes contre Elle.

— Évidemment, général, cette circonstance est un peu particulière. Enfin, je vous le recommande, n'est-ce pas. De toute façon, vous voyez, des tribunaux civils feraient mieux en l'occurrence que des commissions militaires. Des militaires érigés en juges, cela sent vraiment trop la répression. Cela m'est odieux et cela déplaira beaucoup.

Le gouverneur se leva. Il mit ses gants, endossa sa pelisse.

— Maintenant, général, je vous quitte, j'ai beaucoup à faire. Je fais mes visites d'adieu en ce moment. J'avais beaucoup d'amis en ce malheureux pays que j'aimais. Hélas! Je pars navré. Vous allez demeurer le maître ici au nom de la Reine, général.

Colborne ne put réprimer un mouvement de joie. Sa figure se détendit presque à sourire vaguement.

— Oui, continua imperturbablement lord Gosford en se dirigeant vers la porte, vous demeurez chargé d'assurer le bon ordre dans cette colonie, général, vous êtes nommé administrateur du Canada.

Colborne sursauta. Lord Gosford le regardait d'un air aimable.

— Administrateur, oui, général, j'ai reçu cet ordre de Downing Street, hier. Vous êtes administrateur du Canada, jusqu'à l'arrivée de mon successeur.

— Votre successeur! dit le général dont la voix s'étrangla.

— Oui, je ne sais encore qui sera nommé au gouvernement du Canada, mais il faut un diplomate, vous comprenez, après ce qui s'est passé. Je crois, d'ailleurs, que ce sera mon ami lord Durham.

Le général Colborne se passa la main sur le front où perlait un peu de sueur.

— En tout cas, dit lord Gosford, une main sur la poignée de la porte, je l'ai fortement recommandé pour ce poste, à Downingn Street.

Quand le gouverneur eût disparu, le général Colborne se laissa tomber lourdement dans un fauteuil qui gémit sous lui de ses quatre pieds d'acajou.

12

LILIAN COLBORNE

La torpeur d'un ciel gris pesait sur Montréal, un de ces ciels dont on ne sait pas s'ils sont chargés de neige ou de pluie. La tristesse du dehors semblait pénétrer jusqu'au fond des demeures, dans le secret des chambres où des gens consternés se tenaient mornes et attentifs. Sur le Canada tout entier, un même désespoir flottait. La rébellion était finie, les procès étaient en cours, et les exécutions allaient commencer.

Lord Gosford s'était embarqué pour l'Angleterre, en pleurant sur la colonie livrée au pouvoir du général Colborne. Les commissions militaires fonctionnaient avec la rigueur qui caractérise ces sortes de tribunaux.

Dans les chambres de justice, les *patriotes* prisonniers avaient succédé les uns aux autres. Les plus obscurs, libérés et renvoyés chez eux, étaient tenus en surveillance;

les plus compromis étaient exilés. Une centaine d'hommes choisis parmi les meneurs furent condamnés à mort. Douze d'entre eux devaient périr sur l'échafaud. Les autres, embarqués sur des frégates, furent déportés dans les plus lointaines colonies anglaises.

Le matin de l'exécution, la population entière semblait frappée de stupeur. On se répétait à voix basse les noms des condamnés. Lorimier surtout attirait la compassion. On avait dû arracher de ses bras sa jeune femme évanouie. Ses deux enfants avaient rempli la prison de Montréal de leurs cris de terreur. La grande figure de cet homme semblait éclairer l'échafaud et les autres suppliciés. Et l'on ajoutait à cette troupe de martyrs, l'image en deuil de Mme Lorimier à genoux dans ses voiles.

Dans toutes les églises de la ville, des prêtres disaient la messe pour les condamnés. La foule s'y pressait et priait tout haut pour les hommes qui allaient mourir. Le glas annonça bientôt que les exécutions commençaient. Alors, une horreur sacrée se répandit dans l'air et dans l'âme de tous.

Lilian Colborne, couchée sur un sofa, devant le feu, n'osait remuer. Le cœur étreint d'une angoisse terrible, elle écoutait les lugubres cloches. L'idée de ce qui se passait à ce moment lui faisait battre les tempes. Elle eût voulu crier, supplier quelqu'un, empêcher qu'un ordre fût donné... mais le silence de la maison eût répondu seul à sa voix.

Tout à coup, le bruit sourd et lointain du canon lui parvint. Sa figure se couvrit d'une pâleur mortelle. Ce canon, elle en savait la signification. Elle savait que pendant que l'on exécuterait les patriotes en public, une autre exécution devait avoir lieu derrière les murs de la prison militaire. Elle imagina le lieutenant Armontgorry debout, les yeux bandés, devant un peloton. Alors, la jeune fille se cacha la figure dans les coussins et sanglota.

Quelles furent les dernières pensées des condamnés illustres dont on ne peut prononcer les noms sans entrevoir l'appareil affreux de leur mort? Quels furent les derniers rêves de Marie Stuart lorsqu'elle passa de son cachot dans cette partie de la tour de Londres où l'attendaient la hache et le billot? Charles Ier, à quoi pensait-il quand il franchit le seuil de cette fatale fenêtre du palais de Whitehall devant lequel on avait dressé un échafaud? Et Louis XVI et Marie-Antoinette, l'un dans son carrosse encore royal et l'autre assise à reculons dans la charrette, quels souvenirs les hantèrent à ces instants suprêmes? C'est le secret que nul n'a jamais pénétré.

Ainsi, de l'obscur officier de Sa Majesté britannique qui allait mourir ce matin-là, personne ne devait jamais connaître les dernières pensées. Il avait gardé un silence profond au cours de son rapide procès. S'étant contenté de reconnaître les faits qui lui étaient imputés, il n'avait pas essayé d'expliquer sa conduite. Peut-être en était-il incapable. Il sentait que ses juges trouvaient sa conduite illogique et que ses explications leur eussent paru obscures. Pouvait-il, en effet, expliquer que, demeuré attaché profondément à son métier de soldat, ressentant une prédilection marquée pour la civilisation anglaise, il avait pris les armes et combattu avec les rebelles? Ces rebelles étaient des gens de sa race, ses compatriotes, ses frères... Mais des juges militaires peuvent-ils comprendre une telle complication intérieure alors qu'à soi-même on se l'explique si mal?

Sans doute, telles furent ses dernières pensées. Peut-être aussi refit-il les rêves familiers à son imagination, il se rêva peut-être époux d'une jeune fille blonde dont il se savait aimé... général dans l'armée anglaise...

Mais le peloton attendait, l'arme au pied. Armontgorry se plaça avec calme devant le mur. On lui lut son arrêt de mort dont il ne parut rien entendre. Comme quelqu'un s'approchait avec un bandeau, il le refusa et se contenta de fermer les yeux pour recevoir la mort. Le feu de peloton crépita et il reçut toute la charge dans le cœur.

Du lieutenant Armontgorry, il ne restait plus qu'un cadavre étendu sur le pavé du chemin de ronde. Il semblait que son cœur troué de balles se fut vidé d'un seul coup et, sur l'habit rouge, le sang faisait une tache noirâtre qui allait s'élargissant.

13

HENRIETTE DE THAVENET

Monsieur de Thavenet, une couverture sur les genoux, lisait devant la fenêtre du salon. Sa tête blanche et le livre absorbaient la lumière du jour tombant. Dans la pièce, les objets entraient peu à peu dans l'ombre. Henriette leva les yeux. Des branches d'arbres déjà chargées de bourgeons fouettaient les vitres. Le printemps de 1838 était commencé.

Une somnolence ferma les yeux du vieillard. Il laissa choir son livre qui tomba tout ouvert sur le tapis. Henriette, machinalement, lut en haut d'une page: «Et ainsi la fin de tous est la mort et la vie des hommes passe comme l'ombre.»

Quelqu'un entra dans le salon. Henriette reconnut le plus vieux des domestiques du manoir de Saint-Mathias. Il semblait hésiter. Il fit un signe à la jeune fille, laissa voir une enveloppe qu'il tenait dans sa main repliée... mademoiselle de Thavenet se leva. Quand elle eut la lettre, elle monta la lire dans sa chambre.

Cette pièce recevait toute la clarté qui tombait du ciel. Au loin, le bassin de Chambly était de la nuance des nuages pâles d'avril. Le fort Pontchartrain reproduisait dans l'eau la brique rose de ses murailles ruinées. Les longs bâtiments des casernes occupaient un point du paysage. Henriette s'assit près de la fenêtre et se mit à lire:

Ma chère Henriette,

Je sais bien que je ne devrais pas vous écrire. Tant de choses nous séparent. Mais, puis-je oublier notre ancienne amitié? Je regrette maintenant qu'elle n'ait pas été plus vigoureuse. Nous aurions au moins la force de vaincre les volontés qui nous séparent. Et quelle consolation pour moi si je vous avais près de moi, de pleurer dans vos bras! Hélas! Henriette, j'ai à peine le courage et la force de vous faire part des nouvelles que vous m'avez demandées. Écrire ces choses renouvelle en moi des sensations affreuses. Mais sachez tout de suite que votre frère est sauvé quant à sa vie. Il a été condamné à la déportation aux Bermudes avec beaucoup de patriotes... D'autres sont envoyés en Australie. Enfin, Henriette, les commissions militaires en ont condamné plusieurs à mort. Tous sont morts avec héroïsme. Il y avait parmi eux ce domestique du notaire Cormier dont vous m'avez demandé de m'informer: Cotineau. Faut-il vous nommer les autres? Vous en avez connu plusieurs, peut-être. Alors priez pour Lorimier, Hindelang, Cardinal et leurs compagnons.

Le lieutenant d'Armontgorry a été fusillé... Cela s'est passé à la prison de Montréal. Permettez-moi de ne pas vous donner de détails. D'ailleurs, j'en possède très peu sur ses derniers instants. Il ne me reste qu'à le pleurer...

Que de gens sont morts pour cette cause! Je sais, Henriette, que ce sont des martyrs de votre patrie. Je ne songe à eux qu'avec respect et pitié, mais je ne puis m'empêcher aussi de penser à ceux qui sont morts en défendant la cause de l'Angleterre. Je songe au lieutenant Fenwick...

Mademoiselle de Thavenet ferma les yeux. La lettre de Lilian Colborne tremblait au bout de ses doigts. Elle murmura: «Le lieutenant Fenwick...»

Et elle revit tout le récent passé: la masse grise de la maison Debartzch, l'odeur flottante de la poudre, des choses brisées sur le carreau d'une chambre, le déchirement sec des coups de fusil, un officier en habit rouge qui se dresse tout à coup dans le jardin et qui semble présenter sa poitrine à la colère inconnue qui le frappe...

Mais elle s'arracha de cette vision. Des images plus douces se présentèrent. Elle sentit sur sa main comme le souvenir du frôlement délicat et chaste d'une jeune bouche...

— Le lieutenant Fenwick!

Elle reçut une brusque clarté sur les tempes. Ses paupières battirent comme lorsqu'on pose une lumière soudaine devant les yeux d'une personne endormie. Elle se passa la main sur la figure. Il lui semblait toucher sous ses doigts les traits et la face d'une femme inconnue. Elle se regarda dans un miroir. Quelque chose était changé en elle qui modifiait son regard.

— Je l'aimais, se dit-elle.

Elle pensa qu'aimer est la plus involontaire des circonstances de la vie. Il semblait qu'elle eût découvert, en même temps que ce sentiment, une source de regrets. L'amour lui parut une chose dangereuse, traîtresse et mystérieuse comme ces trous profonds que l'on voit dans la glace unie des rivières en janvier. Une sorte de chagrin très doux l'enveloppa. Elle sentit une douleur sourde, telle une personne qui apprend la mort d'un être cher survenue au loin. Cette douleur, tardive, monta lentement en elle et couvrit son âme entière.

Ce fut pour le deuil de cet amour inutile et déjà lointain qu'elle se vêtit de noir durant quelques semaines. Peut-être se demanda-t-on autour d'elle pour qui étaient ces rubans noirs et ce voile. Peut-être chercha-t-on parmi les *patriotes* tués, pendus ou exilés, le fiancé inconnu que pleurait Mademoiselle de Thavenet.

TABLE DES MATIÈRES

MARQUIS
Montmagny, Qc
septembre 1992